U0060280

《哲人政治家李登輝之「我」》

Ko Bunyu
黃文雄原著

廖東哲◉譯
葉海煙◉監修

發現黃金存摺
老包

　　將近三個月前，國民黨的馬政府利用政治打手特偵組，污衊前總統李登輝在十七年前，曾有「貪污」嫌疑時，我寫了一篇文章反擊這些小人莫名其妙的指控。

　　文章出來後，一家相當有規模的新聞網站，一位年輕的女記者打電話找我，希望能夠引用我文章的觀點，來當她報導該重大新聞事件的價值判斷。同意之餘，我也有很深的感慨：因為女記者顯然被我文章中所舉，某些顯而易見卻被社會長期忽略的事實，所震撼而覺得必須加以引用，以免年輕一代的資訊工作者，繼續活在不清不楚的資訊迷霧中。

　　我那篇文章主要是說：台灣的民主環境，不是天上掉下來的，有一大半是李登輝當年自我限縮權力去換來的——包括總統任期六年改為四年、取消可以無限制連任、廢除可以整肅異己的方便法律、裁撤可以當自己超級武器的警總、把用簡單的公關收買手法就可當選連任的總統選舉，修改成充滿不確定性的人民

直接選舉……；因此，馬先生和特偵組的社會地位，根本就是來自於李先生的民主路線，現在反過來對李先生進行鬥爭，這種有悖天理的政治操作，是不可能獲得社會認同的。

果然這個事件引起社會強力反彈，就連馬陣營的一些深藍朋友，也覺得此舉實在太過分。現在我們就從這個地方切入，來問自己：李登輝到底是怎麼樣的一個人？他到底帶給我們什麼樣的啟發？我認為對一個創造歷史的人，我們必須先有一顆細緻的心，才可能正確認識。以我個人的經驗，雖然在一九八八年李先生開始擔任總統時，就撰寫報紙每日專欄，而有了節奏密集的政治觀察，但一直到一九九九年五二〇當天，我才算是有了「正確認識李登輝」的入門準備——這就好像我在三十歲那一年，一個作家朋友告訴我，我們時常掛在嘴邊的台語「隨便啦」、「都可以啦」，其實就是帶有古意的「請裁」，而不是被粗糙引用的文化淺薄；從那個時刻起，我對自己的母語，才開始有了縱深的思考與觀察。

一九九九年正是李登輝擔任民選總統的第三年，那一年政壇最關切的一件事，就是李先生會不會參選隔年將舉行的，第二屆民選總統？按修憲後的選制改變，李先生並非沒有參選空間，且當時執政的國

民黨，有不少本土化改革未竟事宜，接班問題連宋之
爭愈演愈烈，不少人希望李先生能出面參選，穩住陣
腳……。李先生對續任與否遲不表態，國內外猜測的
聲音四起。到了五二〇那天，李登輝親自撰寫的《台
灣的主張》新書，正式出版（日文寫作，再製作為中
文）。在該書的最後一個章節，題目是「李登輝不在
位後的台灣」，這幾個字已經清楚說明了一切──原
來李先生早就決定不競選連任，但他希望人們從他的
新著中去明確探索這個訊息，以便更能清楚認識他的
心路歷程。而就在那個最後章節，當我讀到以下的文
字時，內心是有著無比的震撼：

　………………這股愛台灣的熱情，在我變化莫測
的人生中，時而燃燒，時而潛沉，支持我走過這七十
多個年頭。省思今日的台灣，就像歌德的《浮士德》
中動人的一幕，我不由得很想吶喊：「停下來，妳是
多麼的美麗！」但今後台灣還得面臨許多的挑戰，
接受各種的考驗。台灣的歷史，還要繼續寫下去。
………………

　　這是一段熱情洋溢，有如大海澎湃的文字，我從
這裡看到的李登輝，並不只是創造台灣民主奇蹟的政

治家，更是一個試圖超越時空限制，而有著豐富才華的文學家、藝術家——在李登輝時代尚未開展之前的台灣人，其面貌圖像事實上是相當模糊的，任憑一再更迭的外來政權粗魯操弄；到了李登輝時代，他全神貫注，將台灣人的形貌雕塑出來，台灣人的可貴生命力，因而開始顯現，並有了多元光采。因此，從某方面看來，說他是類似羅丹那樣的雕塑家，也不為過。

然而以台灣內部流通的資訊，並不足以讓我們認識李登輝，這個世界級的傳奇人物。這主要是語文的問題，李先生在表達他思想層次的訊息時，似乎日文才能呈現該有的縱深。舉例來說，日本的大文豪司馬遼太郎，就能從他的口中，掏出「生為台灣人的悲哀」，這樣的內心話，但台灣本地的訪談者，卻沒這個本事。這乃是歷史變遷對台灣人的捉弄；我們的父執輩曾出生為日本人，以日文在表達生命的喜悅與哀愁，但到了我們這一代，我們卻被迫要以中文為表達工具，與日本文化的連繫受到阻撓，甚至須切斷與父執輩的深度情感連結。

李登輝退休後，我曾有幾次機會和他聊天，有一次他很感慨的說：「可惜你不會日文」；我是一個文字工作者，我當然曾想過要學好日文，但是這三十年來，人生的精華都用在和台灣的中國文化霸權周旋上

頭，有些願望就必須擱置了。我的經驗其實也是我這一代普遍的經驗，那這樣說來，我們的損失可大了——李先生快九十歲了，我想知道他留給台灣這塊土地，以及這個浩瀚世界，是什麼樣的資產？就好像我們的父執輩，留給我們一本厚厚的黃金存摺，但我們卻遍尋不著，那種懊惱乃可想而知。

簡單的說，描述李登輝的書籍不夠多，而其中又有很大一部分，是就政治表相在敘述評價的；對我來說，那些並不足以描繪出一個線索，來告訴我們「黃金存摺」在哪裡？有一次我和李先生聊到類似的話題，我說某某人又寫了李登輝故事的書，看來是有花不少心力在寫作，但我怎麼看，都不如《台灣的主張》這本書，能帶給我啟發。李先生說：「那不一樣啊，我自己寫的書當然會有差別」，然而這沒有完全說服我，因為當事人和一個敏銳的詮釋者，所能提供的線索有時還是不同。

舉例來說，李先生有個在生活上相當親近的友人，同時也是我的好朋友。四年前有一天，這個友人告訴我：「老先生最近心情很低潮，常出現不尋常的感嘆；因為他很欣賞又聊得來的一位學者，去世了」，這位去世的學者，當時才四十二歲。照理說，像李先生這樣見過大風大浪的政治家，是不太可能會

為這麼一件事而陷低潮，但我當時卻感到「能夠理解」，而印象特別深刻。因為在二千五百年前，亞洲有兩個偉大人物，也有相似的心路歷程：佛陀最得意的弟子早他去世，或大儒孔子的弟子顏回去世，都曾使大人物悲痛神傷，體會世之無常，而令人發現一個偉人身上的共同「密碼」──那就是他們擁有一顆多感的心靈，但總是運用突破人之極限的意志力，時時刻刻在加以超越。

有較多的機會和李先生聊天後，常會發現他談到對台灣土地的愛，以及「老百姓的生活」時，語帶哽咽、眼眶泛著淚水。我認為這些必須透過文學、藝術，或甚至是音樂，才能深刻描繪出在老先生身上的「時代的悸動」。退休後的李先生，很喜歡接觸年輕人，也急切地想要了解現在年輕人，內心在想什麼，因此他會相當有耐心和相差一個甲子的年輕人交談；不斷提出問題，也傾聽年輕人用當代流行的術語說明。我每次在一旁看到這幅景象，總是特別感動，因為這個擘畫台灣民主路線的老人，很顯然是在年輕人身上，發現了多元民主為這塊土地所帶來的真切生命力，而有著無比的欣慰。這是一幅散發生命光輝的畫像。

李登輝的存在，就如同台灣這塊土地的存在，是

令人讚嘆的奇蹟──北回歸線穿過台灣，但在一天之內，人們卻可以在這塊特殊的地理，發現生長在地表的熱帶、亞熱帶、溫帶與寒帶等四種特色植物！同樣的道理，如果我們只用政治的語言去解讀李登輝，縱深也會有所不足。因此這十年來，我一直期盼有人能夠從較宏觀的視野，提供我們探照「李氏寶藏」（我前面所說「黃金存摺」）的動能與線索──套一句現代科技的用語，也就是提供一種3-D畫面，來探索李登輝的生命故事，與令人驚艷的精神世界。而按照我的觀察，這個人必須要有深度日文素養，以及濃厚的台灣情感，才能真正觸及李登輝的內心世界，並填補李先生和我們這一代之間，殘酷的歷史斷層。

所有的傳奇，終究會找到詮釋它的主人。台裔日籍的大文豪黃文雄先生，顯然也感受到了我們這十年來，所急切散發的念力，就在李先生將近九十歲，而他自己七十三歲的這一年，終於完成了這一本日文原著的《哲人政治家李登輝》，從哲學領域探索李先生的精神世界。看完這一本著作時，我久久不能掩卷，內心許多苦悶與疑點，終於得到了解答。套一句中文的說法，算是「打通了任督二脈」。按照黃先生在書中所稱的，「李登輝可以說是在美日中文明衝突與文化摩擦中，成長出來的代表性人物」，這一本書要帶

我們去探索真正的李氏寶藏，這個使命是多麼不容易。

我因此很好奇這個過程的繁複，有一天當面問了黃先生，到底花了多少時間對李先生作訪談？黃先生說：「就是這十年啊，十年來和他對談的結晶！」我大受感動，人生有多少個十年？黃文雄先生用十年的工夫，為我們留下了可貴的文化元素——我相信將來會有更多文學、藝術的創作者，運用這些元素，去詮釋更豐富的關於李登輝，這個偉大哲人政治家的價值。

而更重要的，台灣人的形貌，也將由於這些元素的注入，更顯明亮耀眼。是以為序。

序言

　　我經常受邀到日本參眾兩院的台灣關係讀書會當講師。與會的國會議員認為，政治家的模範或值得尊敬的政治家，除了吉田茂和岸信介之外，還有李登輝。

　　世界上有名的政治家非常多，戰後有英國的邱吉爾、法國的戴高樂，另有為世界新秩序鋪軌的超大型國家美國的歷任總統。然而為何日本人傾慕的，是亞洲小國的台灣前國家元首？

　　我經常會如此反問。針對理由究竟為何的大哉問，我身旁的日本朋友通常會出現這樣的回答：

　　「台灣是個小國，但做為主權國家，在國際社會並沒有完全被認知。而李登輝不但沒有屈服於來自中國的恐嚇，還勇敢面對它、為堅守台灣的尊嚴而奮鬥至今。我們對其勇氣給予最大的尊敬。戰後日本已經不再出現那般有勇氣的政治家，所以我們想把李登輝當成自己的楷模。」

　　我每次聽到這樣的話，都非常感動，甚至眼角發

熱。他們還會推崇「尊嚴」和「勇氣」，證明在日本，武士道精神依舊存在。近年來每到國政選舉，就會有人高喊「生活、生活」，而訴說國家大事的政治家卻越來越少了。不過，在日本還有政治家注重「尊嚴」和「勇氣」，這讓我對日本的未來還抱有一線希望。

仔細想想，日本是一個主權國家，是和歐美並駕齊驅的大國。但關於自身教育的歷史認知，以及屬於心靈和靈魂的靖國參拜，卻無法堂堂正正地貫徹自己的信念。

李登輝是一個已經從政界引退的民間人士，但他的訪日，因其「還有影響力」而被拒絕入境，造成很大的轟動。原因在於日本政府從頭到尾都受到中國的控制與指示，連來自中國的「現場指導」都甘願吞下去。

若從此事來思考，李登輝時代的台灣和戰後的日本形成明顯對比，那是很自然的。日本文壇的大老阿川弘之，甚至還曾「想請李登輝來當日本首相」。其言感人肺腑。我在日本居住已快半個世紀，那感受更加深刻。

眾所周知，被稱為「台灣民主之父」的李登輝，他的政治貢獻已在近、現代史上留下不朽的一

頁。李登輝雖已近九十高齡,卻還在街頭手握麥克風,站在民眾的前方,看到這種景象,誰不會深受感動呢?

李登輝在政治上的成就,已讓台灣和全球刮目相看。關於他的相關書籍出版品相當多,然而今我在意的,竟然沒有一本深入探索支撐李登輝個人行為和思想、心靈與精神世界之根柢的書。特別是在台灣,用世俗眼光評價李登輝的人還是佔大多數。

在日本,人稱李登輝是「亞洲的哲人」。小說家兼立法委員,也是我的好友王世勛,則大大稱讚道:「他不僅是亞洲、而是世界的哲人。」我第一次從李登輝聽到有關「我」的省察與思索,是在台灣哲學會的會員大會上。

李登輝的政治力泉源,來自他的生長背景與教育環境。他非常喜好讀書,博學多聞,又有自身獨特的哲學思想。這也是我尊敬的台北高等學校出身的諸前輩們所共同擁有的特質,同時也是扎根在如同母親的台灣這塊土地才能孕育的人文教養。

李登輝在總統時代,以「心靈改革」為目標,經常提起「場所」哲學。而那帶有使命感的行動,或許是因為和夫人一樣都是虔誠基督徒的緣故。

我所知道台灣立法委員當中,最有學問、最勤

奮，且是民進黨第一任秘書長的黃爾璇，以及前輩台灣獨立建國聯盟主席黃昭堂，他們兩人都曾向我表示過「像李登輝這樣的人物，在台灣史上大概不會再出現」的類似意見。因此我才會想以鈴木大拙說的「超個己一人」那樣的宗教意識和使命感，來講述偉大的政治家李登輝，並告訴後代子孫如同大地母親的台灣的未來動向。

李登輝不是「亞洲的哲人」，而是超越亞洲的「世界的哲人」，關於其在台灣與近現代史所扮演的歷史性角色，後世子孫又該如何學習？我想我們有必要闡明的不只是那些可視的外象，還有那些不可視的內蘊。前者是李登輝做為國家元首的言行舉止，後者則是他的心靈世界。本書試圖以多角度的視野，並透過和李登輝的對話，來探究他的「我」的哲學、「場所」哲學、「超越」哲學，以及他的生死觀與歷史觀。

本書所要談的不是政治的世界，而是心靈的世界，因此盡可能避免浮面的、模稜的訊息。希望會有許多年輕人透過此書，來暸解李登輝的內心思惟及人格修鍊，並向他學習。

關於本書的完成，除了有李登輝本人的協助外，另外還有小說家高村圭子、日本李登輝之友會事務局

長柚原正敬等人的幫助，在此向所有關係人致上謝
意。

2011年7月吉日

黃文雄

發現黃金存摺 • 老包　3

序言 • 黃文雄　11

第一章　我

過於強烈的自我與苦鬥的青年時代　22

不斷詢問「為何我是李登輝」　26

在觀音山上知天命　30

一家一族獨占權利的中國社會　34

覺悟到「不是我的我」的男人所找到的人生意義　38

「化外之民」「近代化」「白色恐怖」　42

何謂台灣人　45

曾是法治社會時代的台灣　49

被扭曲的李登輝圖像　53

擁有信仰才能理解心靈的脆弱　56

為何行走《奧之細道》　59

第二章　生死觀

日本是「死生觀」，中國是「生死觀」　66

讓台灣人印象深刻的日本救援隊　69

「暗於生的開始，冥於死的終結」　74

中國有十位以上的閻魔王　77

台灣人所繼承的「拚命」這種決死的精神　82

李登輝提出反命題的理由　86

過於世俗化的台灣迷信很多　93

和「永遠的肯定」的相遇改變了李登輝的人生　94

以「不是那個人說了什麼，而是做了什麼」來做評價　99

從「生為台灣人的悲哀」到「生為台灣人的幸福」　102

第三章　場所

缺乏立體觀的中國世界觀　108

日本應該放棄念佛和平主義面對現實　109

第二次大戰後台灣與斯里蘭卡的命運大不相同 *113*

「時代的斷裂」中台灣最大的特質 *117*

與司馬遼太郎的對談是台灣史的一大事件 *119*

總之台灣像摩西一樣已經出發了 *122*

在台灣這個地方實踐了「純粹經驗」 *125*

西田幾多郎的「絕對無的場所」理論 *129*

以做為總統的「台灣經驗」究竟完成了什麼 *131*

在台灣這個場所共生可能嗎？ *134*

第四章　超越

以三個次元來思考「台灣問題」 *140*

日本和台灣各自面臨的「現代超克」 *143*

中國不放開台灣的理由 *147*

人類中心主義與自然主義 *149*

非得脫離中華思想的束縛不可 *151*

從空海的《十住心論》解讀台灣 *153*

從「李登輝情結」到「心靈改革」 *157*

台灣問題的範例 *161*

總統卸任後的李登輝　164

「做為主人該如何行動」　166

第五章　歷史觀

李登輝的歷史觀和國家觀　172

國家的命運會因和誰相遇而有所不同　175

以後藤新平為師　179

以「船中八策」為基礎的李登輝啓示　182

《「武士道」解説》究竟訴説了什麼　186

日本人的美德還沒有喪失　191

當台灣變成正常國家，我的任務才算結束　194

所謂「新中原文化」即是台灣獨自的文化　197

千島湖事件與「土匪國家」　199

統合台灣的兩種國族意識　203

期待台灣文明未來的司馬遼太郎　205

李登輝不是亞洲的哲人而是世界的哲人　208

後記　213

第一章——我

過於強烈的自我與苦鬥的青年時代

想知道李登輝，想向他學習的話，最重要的是瞭解其精神世界，而不是他個人的行跡。在此先回顧他的故鄉及台灣的歷史。

台灣最早開發的地方，南有安平港，北有淡水港。

1602年，荷蘭人在雅加達設立東印度公司，為了尋找中繼貿易基地，在台灣海峽的澎湖群島上築城，並與明朝對抗。爾後，經明朝的勸告，在台灣南部的安平築熱蘭遮城。以此為基地，逐漸北移，在日本平戶與長崎設置據點。

在同一時期，以菲律賓的呂宋島為據點的西班牙，稍晚則在台灣北部的基隆和淡水築城。和荷蘭有過交戰，卻因而敗退。之後，日本與荷蘭競相爭奪台灣的領有權，結果是荷蘭實質支配了台灣。

據說，豐臣秀吉統一日本後，曾派人送外交文書到「高山國」要求朝貢。此地方好像是現在淡水到基隆的台灣北部一帶地區。在《明史》外國列傳裡，有一段位於日本與呂宋之間「雞籠國」的記載，據說也是指基隆港。

　　北部最早開發的淡水港，自西班牙時代以來，經三百餘年一直是以港口城鎮繁榮到現在。然而，直到日本時代之前的台灣，並沒一條像樣的道路，因此對外的交通和交流，一直都是倚靠西部大約二十個左右的河口港灣。外國船隻可東溯至台北城的艋舺（萬華）與大稻埕。

　　日本領台戰爭後，以單騎走完西伯利亞一萬六千公里而成名的福島安正，曾經寫有一本《淡水日記》。另外，六位日籍教師在芝山巖被「抗日游擊隊」殺害的事件，就在淡水河上游，也就是在接近台北城之地所發生的。

　　淡水很早就是文明開化地，接受了東、西文化交流、融合的洗禮。李登輝就在離淡水不遠的三芝出生。自台北高等學校畢業後，進入京都帝國大學農學部就讀，在就學中收到了徵召令。

　　戰後，他雖成為農業學者，但不久就從學界轉進政界。日後更位居總統高位，針對持續近半世紀的國民黨獨裁專制統治，進行「寧靜的革命」，並推動台灣的民主化。

　　他的父親為巡警，兄長當志願兵戰死在菲律賓。這樣背景的一位知識份子，在歷史波瀾中，是如何覺醒自我？因此，釐清李登輝的成長過程，對於瞭解

近、現代台灣以及後世的台灣，都極具參考價值。

李登輝十三歲就從三芝庄移住到淡水街，寄宿在親戚家中，中學就在此就讀。據說，就從這時候，他開始思考「何謂自我」。

李登輝因父親工作的關係，常轉學，沒有什麼朋友，他以畫畫、讀書來度日。這個背景也是成就他日後積極「培養自我」的原因。

他雖然在家中相當被溺愛，被保護得很好，但隨著自我的形成，也逐漸對家裡萌生了反抗意識。因此，他才希望在淡水開始寄宿生活。透過在別人家生活的經驗，他自然而然就學習到在環境變化中該當如何面對與處理人際關係。

在這過程當中，李登輝開始思考「何謂人？」、「人生應該如何？」等問題。就連吃飯的時候，都會思考筷子的拿法。不久他對自我的關心不斷提高，從十四、五歲就萌生宗教的信仰心。早熟的李登輝不斷閱讀書籍，也因此更執著於「自我」，這讓他的母親非常擔心。

此時李登輝開始傾向於清晨就以做家事、掃廁所、沖瀑布這一類的自我控制（修行）以及日本式的唯心論。不僅如此，還非常推崇「若能捨棄自我，就能從煩惱中解放出來」這種包含禪意的思想。

　　他開始思考生或死，是在高校時代。而意識到做為台灣人、與日本人不一樣的特質、反抗精神的產生，也是在這段時間。

　　他在學生時代參加青年團，為了抑制強烈的自我而進行禪修或苦行，也和兄長一起閱讀佛教學者鈴木大拙的書。

　　李登輝所接受的日本教育，就當時的台灣人來看，可以說接觸非常廣泛的日本名著。眾所周知他是位非常喜好唸書的人，光岩波文庫的存書就有七百本以上。

　　聽說他相當喜歡讀《古事記》、《枕草子》、《源氏物語》、《平家物語》等古典，至於近代文學方面，則非常喜愛夏目漱石全集以及倉田百三描寫親鸞及其弟子的《出家及其弟子》。他特別感動的，是從倫敦歸國後以《我的個人主義》出發的夏目漱石所達到的「則天去私」境界的過程。

　　在自我的形成過程中，透過和強烈自我的苦鬥，他開始詢問「我是誰？」、「我不是原來的我」是非常自然的事情。而瞭解李登輝的「我的思索」、「我的自覺」，也可說是理解在台灣人精神史中不可或缺的「發現個人」。

　　有關死後靈魂的想法、感覺或理解方式，因文化

而有所不同。中國人認為「人死後，『魂』會昇天，『魄』會降地」。在日本則有更多的形式和想法，例如進行招魂和鎮魂祭，都是其具體表現。

不斷詢問「為何我是李登輝」

李登輝第一次在公開場合提到「場所的哲學」，是在1990年代當上總統以後的事。而言及「不是我的我」，則是在2005年長老教會上的演講。

我應師範大學友人的邀請，參加了一場分別在台北師範大學和台南長榮大學所舉辦的研討會。當時是東吳大學哲學系教授兼哲學會會長的葉海煙先生以及其他與會人，給了我許多關於哲學研究現況等寶貴意見，當時的議論相當成功。

自1960年代的學生運動以來，我積極參與了各種社會運動，因此一直告訴自己，應以旗手自居，不要忘了「初心」。

我也經常思索關於「我」的問題，我發現，滿腔熱血的社會運動家通常有兩個類型：一種是「渾然忘我」的類型，時常到達「忘我」或「無我」的境界，然而卻有頑固不通、缺乏柔軟性的一面，在某種意義上，是接近苦行僧的那種聖人；另一種則是「捨我其

誰」的類型，「自我」非常強烈，像「一匹狼」的獨
行俠，借佛教用語來說，即「唯我獨尊」，若依笛卡
兒式的說法，則是「獨我論」。

　　台灣的社會運動家，大多屬於後者類型。運動組
織在歷史過程中，不斷重複著瓦解的命運，那是因為
這些大多數的運動家有強烈的「自我」所造成的結
果。

　　苦惱與迷惘，無論任何一個時代的青年都會有。
這多半都會變成個人成長的力量。

　　「我是誰？」

　　「我不是原來的我。」

　　「我為什麼是別人無可取代的李登輝？」

　　「我」就如同「我」在意識那樣，擁有多樣性的
「自己」。

　　若是物質存在以外的，而且不是自己的，那便是
他者。

　　蘇格拉底主張哲學的奧義是「知道你自身」，這
是一句名言。知道「我是誰、是什麼樣的人」，便是
知道自己與世界，亦可說是知道真正的生活方式。

　　「為什麼我是李登輝，而不是其他任何人？」此
種「純粹自我」，即是笛卡兒式的自我，也就是唯我
論。然而，雖有「能知的自我」與「所知的自我」，

但所謂真正的自我，即是客觀的自我。

現代人有很多迷惘，亦會發生自己看不清楚自己的情形，也就是無法自覺自身存在的那種自我喪失。在那裡，亦有和以前曾流行過的「遠離人間」一樣的疏離感存在。

被他者或社會所束縛或影響，因而無法表現自己的情況，這樣的人屢見不鮮。即使在沒有義理人情束縛的自由社會裡，也不見得能真正講出自己的意見。

那麼要怎麼做才能表現出無偽的、真正的自己呢？為了能做到如此，就必須透過思考自我的本質、詢問自身，來確認「自己不是其他任何人的自己」，並追問「這個獨一無二的自己」。

另一方面，「本來就沒有自己」這種想法，來自原始佛教。原始佛教認為「我執」（人執）是一種妄念而否定之，並主張無我論。

所謂沒有「我」，即是將自我的存在視為臨時的存在，也就是輪迴的假象。因此才主張捨棄「我」，追求較大的宇宙「自我」（又稱大我）。

不管是誰都會思考自己與他人，但這又會因國民性而有所不同。中國人帶有中華意識，因此通常不把別人而是將自己視為中心。所以「我」、「我執」特

別強。

　　然而日本是關懷他人之情很濃的民族，以「和」為貴、「和而不同」，為了維持「和」而捨棄自我的例子非常多。

　　在鎌倉時代，「他力本願」系的淨土宗開始在日本發展，此中也產生了如淨土真宗那樣，只強調「他力」的教義。日本人常說：「托您的福」，亦可說是誕生於這種風土。

　　追問「我」或「自我」，是極為哲學性的問題。即使在古希臘，諸學問亦從哲學開始。然而諸學問隨著時代演進而細分化、專業化後，追問「我」的學問，最後還是落在哲學上。

　　無庸置疑，比笛卡兒的「我思故我在」更早之前，就已有人追問「我」。西元前6世紀後半，因「萬物流轉」而為人所知的赫拉克利圖斯的時代裡，就如同「我探究了自己」那樣，哲學的對象被限定在「我」。

　　近代存在主義者就只針對「我」的存在與自由來進行思考。人的一生當中，有煩惱也有歡喜，有成功也有挫折。人追求的，不僅只是真善美，還有快樂和幸福。

在觀音山上知天命

當我們覺醒於「我不是現在的我」時，我就不再是之前的「我」。

特別是思考公與私時的「私」，就是較為高層次的「私」。做為人且獨立自主的「我」，才是唯一的「我」。然而如何思考公和私之間的關係、該如何超越它？是一個公共人得經常面對的問題。

我們雖口稱「道德」，「道」和「德」卻不同。「道」屬於公共的，「德」屬於私人的。老子的《道德經》，亦分成德經與道經兩部。

如何分公與私？對人而言是最為棘手的課題。只要社會還存在，就無法避免此問題不斷發生。光是私人財產，要將其公有化或私有化……等這一類意識型態的爭端，也成為20世紀後半東、西方對立的源頭。

「領導人是孤獨的」，這是李登輝在觀音山上所得到的領悟。

觀音山是台北近郊的一座山，山頂的大小約只能容一人站立。聽說登上山頂的李登輝，強烈地感到「誰都無法救助我」這種孤獨與無力感。那亦是領導人站在人與國之頂端的孤獨。

面對孤獨即是與自身相對。

「我能知道什麼？」

「我能希望什麼？」

「人是什麼？」

對人之存在的思索，必須從「我」開始。

住在日本已近半世紀的我，很清楚用日語思考與用台語思考的差別。即使用英語、法語、德語來思辨、說話，也都不一樣，因此台灣和中國媒體經常會挑李登輝話語中的語病，從世俗價值中加以挑剔、批判。

譬如，他和司馬遼太郎的對話中，我就能讀懂他的「心」，而不瞭解日語的中國人就會用很難聽的話來回應，像「應該把他丟到歷史的垃圾桶」等等。這裡存在著生活與文化水準（民度）的差別。

人應該從「為何我不是其他任何人？」這一純粹自我與純粹個體，來凝視「我」這一不合理性的存在。

我推測，李登輝應該能分辨出「能知的自己」與「所知的自己」，瞭解客觀的自己才是真正的自己，知道「超越所知的自己」才是真正的自己，並覺悟到「不是我的我」，不正是因為他在觀音山上領悟到做為國家領導人、改革者的孤獨嗎？當李登輝知道「自

己不是自己，或不再是自己」時，不就是真正知道天命的時候嗎？

　　煩惱和迷惘也不是青少年才有，在漫長的人生中，即使到了「四十而不惑」「五十而知天命」的年紀，有此般煩惱的人還很多。

　　現代人大多從迷惘來尋找自己。然而，在強調做自己和凸顯自我個性的同時，追求真正的自己，貫徹生活價值與生活方式，於現實當中並不是一件容易的事。

　　佛教不以道或德，而是以「煩惱」為主題，並說明如何從那裡解脫。禪宗的話，則透過禪來求得「我」的悟道。亦有人像良寬那樣，否定分別與作為，在無常當中過活。在那裡所看到的是，逍遙與遊戲的精神。中國的「竹林七賢」大概也是透過同樣的悟道，捨棄了紅塵。

　　另一方面，近代的存在主義者在追求真正自由的同時，持續思索了「存在」。尼采認為弱者的道德是怨恨、憎惡、非難，其所要追求的則是「強者的道德」。

　　「人在自然之中只不過是一枝弱小的蘆葦，但人是會思考的蘆葦。」這句話非常有名，是帕斯卡（Blaise Pascal, 1623-1662）《思想錄》（*Pensées*）中

的一節。人雖然弱小，但絕不是無能。因為人知道自己生命有限，人雖然知道自己的無能和宇宙的偉大，宇宙卻完全不知道人。

雖然「神什麼都知道」，但那也不過是宗教的解釋。人之為孤獨的存在，確實非常軟弱，但擁有知性與知識。思考才是人偉大的地方。

蘇格拉底主張「自覺到自我，就是自覺到自我的無知」，笛卡兒則主張「只有自我才是無庸置疑的確實存在」。反對此種笛卡兒式「自我」存在的，正是尼采。

另外，根據美國哲學家湯瑪斯·內格爾（Thomas Nagel）的看法，「自我」有兩個層面。一個是特定的人物（person）；另一個是客觀的自己（objective self）。

透過注視自己思考「自己是什麼？」、「自己能做什麼？」，並讓自己有使命感，即使自己是有限的存在，亦能創造出接近無限的力量，來完成偉業。到那個時候，不就能發現到「不是我的我」了嗎？

如愛因斯坦所言，世上沒有比光速還快的東西。聽說若能超越光速的話，那麼就能夠如時光機器那樣旅行回到過去。當然這只不過是虛構的，夢或夢想、甚至是思考在某個意義上，就可說比光速還快，因為

思考力與想像力就是那麼了不起。

一家一族獨占權利的中國社會

「我」是什麼？這是一個哲學與心理學上的命題。然而在佛教與政治社會學，亦常常問到「我」或「我們」。

先前提到公與私的問題，亦是其中一種。我在台灣當學生的時候，經常被教育要「犧牲小我，完成大我」。

共產中國同樣喜歡標榜「犧牲這一代，成全下一代」的口號，埋首於社會主義建設。然而，這裡所謂「一代的犧牲」，究竟能造福到以後幾個世代？實在耐人尋味。

說到哲學中的「我」，笛卡兒的「我思故我在」就非常有名。笛卡兒認為「我」，也就是自我在現實之中的存在，是因為「思考的自我」是精神。此命題到今日仍是哲學上「獨我論」的重要命題，不斷地被討論。

日本禪宗祖師道元處理了佛教上自我的問題。他是極端的自我否定論者，並追求完全捨棄分別與執着等的自由生活方式。

　　從19世紀法國歷史學家庫朗日（Fustel de Coulanges）的《古代城邦》（*The Ancient City: A Study on the Religion, Laws, and Institutions of Greece and Rome*）可知道，古代並沒有「他我（他者）」的相反概念，也就是「自我（對他的自我）」這個概念。亦即人與自然、自我與城邦中的「自我」尚未形成。自我的誕生是在進入近世、近代以後的事。

　　在東洋思想中最為人知的中華思想，是一個非常自我中心的思想體系。此觀念從上古就存在，而在宋代成熟。史書《資治通鑑》與朱子學中，經常出現其蹤影。

　　中國人「自我」很強，鮮少有像日本人那種對他者的關懷。戰國時代以「非楊即墨」出名的楊朱，主張「拔一毛而利天下不為也」，可說是非常以自我為中心的思想。或許是因為此思想的流行，導致中國人在當時就已存在強烈的「自我」意識。

　　然而，當時家族主義或宗族主義還支配著整個社會，因此「個我」的力量非常有限。孟子的「民為貴，社稷次之，君為輕」，到頭來只不過是對現實的反命題而已。

　　中國是一個易姓革命的國家，是一個只有一家一族才能霸佔權利的社會。德國社會學家馬克思・韋伯

（Max Weber, 1864~1920）之所以將中國定義為「家產制國家」（patriarchalism），是因為他非常瞭解這種家天下的實際形態。「自我中心」的中國人是否有對「自我」的覺醒，是一個值得思考的問題。

「自我」（ego）和犧牲自己、滿足自己中的「自己」（self），看起來好像一樣，但意思不同。雖說「厭惡自己」，但那不是真正「厭惡自我」。

到了近代的笛卡兒與康德，「自我」變成西洋哲學的核心主題之一。另一方面，一直追尋何謂「自我」的，是祁克果以來的存在哲學。[1] 沙特亦以詢問「自我」為主題。在那裡被提起的是「即自存在」（Ansichsein：直接形態的我）與「對自存在」（Fürsichsein：否定形態的我）。

此處所說的「自我」與笛卡兒的「我」完全不一樣。其意味著和自己的關係或自我關係。祁克果認為人是會死的時間性存在，同時亦是希求宗教、藝術這種永恆的矛盾存在。

佛教的主題是「煩惱」，想追尋的是該如何從「煩惱」解脫出來，也就是「自我解放」的思想。佛教思想追求的是對「自我」的悟道，並非西洋式的「自我」。此種悟道的哲學是佛教思想的主流。

哲學家西田幾多郎與其說是最典型的日本人，毋

寧說他是一個具有「和魂洋才」的人物。台灣知識份子亦有許多人是西田哲學的崇拜者，他們經常告訴我他們對西田的看法。

　　和笛卡兒不同，西田一開始就一直在追尋「自我」這一存在。《善的研究》（1910）、《於自覺中的直觀與反省》（1917）、《一般者的自覺性體系》（1929）等，分別以「純粹經驗」、「自覺」、「場所」為主題。

1　所謂「存在哲學」，廣義地說，可以泛指自古希臘以來，所有以「存在」或所謂「存有」(being)為對象的「存有學」的哲學思考。不過，此處「存在哲學」指的是自尼采、祁克果以迄海德格、沙特等哲學家所提倡的「存在主義」(existentialism)，強調的是個人（個體）的存在纔是真正的存在，而個人的意識、能力以及那些無可取代的自我的內涵與權利，便是個人存在直接而實際的明證，例如尼采主張每一個人必須突出權力與意志，以便成為一個真正的生命的強者，祁克果則認為「主體性」(subjectivity)就是真理，而反對用所謂的「客觀」，使得個人真實的存在無端地被讓渡，被消蝕。由此看來，存在主義的哲學之所以對當代西方文明側重個人覺醒、自由精神、平等理想、身體與感性，以及個人絕不能任意揚棄的權利與尊嚴，一直有著深刻的影響，特別是沙特通過自我否定來突顯自我內在之危機，以及海德格以「人乃一面向死亡的存在」的勇氣和睿智來鼓勵人們與生俱來的存在深層之力量，更對當代的文學、藝術以及多元多變的文化思潮與社會批判思考，發揮了或明或暗的推波助瀾之作用，其實並不難理解。

　　西田認為：「自我」是一種既不是主亦不是客的純粹體驗。自我透過「自覺」來整合直觀與反省，也就是在自覺之中，「我才能知道我」，這是自己對自己進行認知作用。

　　另外，所謂「場所」並不是意味著空間的意思（即不是做為空間的場所），而是自己「所在的場所」。此又被稱為「無的場所」。被「無的場所」包攝（subsumption）與抽象性的思辨完全不同，非得是一種真實不可。一言以蔽之，西田的「自我」即是「不是我的我」。

　　夏目漱石在以「我的個人主義」為題的演講中，說明了不是以他人為本位的「自己本位」，並強調實現自我的自由之同時也背負著義務。也就是說，不具有義務感的自由不是真正的自由。

　　若以柏拉圖式的說法，「我」以外的存在有無數之多，然而探求「我」才是最困難的。

覺悟到「不是我的我」的男人所找到的人生意義

　　李登輝從青年時代就一直在追問「死」以及「自我」的問題。所謂「死」，當然是指生命的結束，但

並不是只有肉體，自我的終點亦是意味著「死」。藉由揚棄自我（否定矛盾、對立的兩者，並將兩者發展至更高的統一態），人會昇華到更高層次的存在。

哲學家尼采的著作《查拉圖斯特拉如是說》如此說道：

「現在，常感到擔心的人往往會問『人如何保存自己』，但查拉圖斯特拉是第一位，也就是唯一一位問『人如何能超越』的人。」

和動物不同的是，人不是只為了保存自己而活。提升生命的價值才是生命最重要的課題。

鈴木大拙的禪學和西田幾多郎的哲學都是在詢問「個與超個」的問題。另一方面，李登輝解讀新渡戶稻造的《武士道》，並撰寫了《「武士道」解題》。此書所重視的即是「公與私」的思想。

新渡戶之所以撰寫《武士道》，是為了要回應沒有宗教教育的日本如何教授「道德」這個問題。此書所示的，即是做為傳統精神的「武士道」。在和平的江戶時代裡，武士是士、農、工、商的最高階層，然而做為戰士的角色，卻因為長期的和平而失去舞台，因此才特別強調武士的精神層面。

武士道做為「道」而得以確立，是在武士消失的明治維新之後的事。其精髓直到今日都還有人在研

究。

戰後日本的民主主義過度強調「個（私）」；相對的，「公」的精神就逐漸退出了舞台。為國著想的人會有危機感，這是理所當然的事。

李登輝會特別注意到「公與私」的問題，不也是因為有上述戰後日本狀況、鈴木禪學、西田哲學以及台灣民主化經驗的背景存在嗎？

關於「我」的思考方式，在東洋和西洋有很明顯的差距。笛卡兒、康德、黑格爾、祁克果、海德格、尼采、沙特等人從西洋式的「獨我論」強調生存上的「個人自由」。相對於此，在東洋，特別是日本，則將思考集中在「公與私」、「個與超個」上。

和辻哲郎與海德格都將「超越」解釋為「出於存在之外」。然而，海德格的「我」「至少在層次上，與形而上學式的利己並沒有太大的不同」。相對於此，和辻則將「我」定義為「單純的個人意識」。

笛卡兒以來的近代哲學，主張「意識是自我意識」，能讓對象認知一切的可能條件即是「我思」，也就是自身的意識。另一方面，西田在《吾與汝》（1932）中主張他我論、非獨我論。

所謂「作為我們的我」、「作為我的我們」，即是以複數的自我意識為基礎的對物認知。也就是說，

一百個人就有一百個自我。

禪宗流派之一的臨濟宗有一句話，「所謂祖佛即是指面前聽法底。」人的感覺、認識器官有眼、耳、鼻、舌、身、意（六根），具有六根的單一者亦是「無眼、耳、鼻、舌、身、意」的超個者。

鈴木大拙說道：「我們本來就是個即超個、超個即個，然而平常卻只知道個的面向。我們通常只著重在個而來活動，而不知超個的世界。」

在東洋思想中，通常會有強調比個人更具優越性的集體性之傾向，因此很容易給人「集體性的否定＝惡」、「集體性的恢復＝善」的印象。若將此想法推到極致的話，會有發展成集體主義的可能性。

世上也有右翼傾向的法西斯主義與納粹主義，以及左翼傾向的共產主義那樣的集體主義存在。然而要對抗集體主義式的暴力，又該如何行動？

和辻哲郎認為集體性最終會走到絕對的集體。有限的集體性（家族、村落、國家等人的共同體）的根本，是絕對空（去私、自己否定）的印象。也就是說，做為個體或人的無私（即空的印象），透過否定個體，達到全體性的實現。

李登輝自覺到「不是我的我」，但這不是單純的「自我喪失」，而是經常持有明確的目標意識，在

「捨棄自身之同時也朝它邁進」的過程。這是經歷過長期「斷裂的時代」的李登輝，在自己的人生中所找到的意義。

「化外之民」「近代化」「白色恐怖」

「斷裂的時代」含有很多種意思。經歷過日本戰前與戰後的人，當然都嚐過這些斷裂。因此為了脫離價值觀的巨變、翻轉、自我認同的喪失感，「尋找自我」或「生活價值的重建」有時也是必要的。

比日本人更能瞭解斷裂的，大概是俄羅斯人。俄羅斯帝國自1917年的反帝革命、1922年蘇維埃聯邦成立，最後到1991年的瓦解，在這一世紀之間，斷裂不斷地出現。

中國亦是如此。經1911年的辛亥革命後，中華帝國瓦解，到了民國時代卻又戰爭與內亂不斷，1949年中華人民共和國體制建立，之後直到文化大革命結束為止，又經過三十年的動亂，爾後改革開放則至今持續了三十年。

誇稱有五千年歷史的中國，在這一世紀之間也是動亂不斷。「打倒孔家店」、「破四舊（否定舊思想、舊文化、舊風俗、舊習慣）」等標語所代表的

文化斷裂、東西文明衝突、文化摩擦也不斷地在發生。

然而，中國人是一個自我中心且自我意識過剩的民族，因此並不需要尋找自我或做自我再確認的工作。

台灣在歷史上亦體驗過許多巨大的斷裂，那就是外來政權的統治。在荷蘭、西班牙之後，有從大陸中國來的鄭氏三代（鄭成功、鄭經、鄭克塽），接著是清治、日治、國民政府專制，支配者不斷在交替。每次交替中，不僅價值觀改變，就連語言也都被斷裂，「我」與「我們」、「公」與「私」、自我認同都不斷重新被質疑。

到近代為止，台灣人至少歷經過三個斷裂時代：至19世紀為止的「化外之民」時代、從日治開始的「被近代化之台灣人」的時代、因二二八事件受「白色恐怖洗禮」的時代。在每個時代裡，台灣人精神的連續性都被割裂。

由於醫學進步，現代人的一生起碼可活七、八十歲，但在日本統治前的台灣，平均壽命只有三十歲。當時的斷裂感，應該不是一個世代，而是以一族為單位。

與共產主義革命帶來的紅色恐怖不同，所謂白色

恐怖，意味著執政者所帶來的暴力、鎮壓行為。我也體驗過那種恐怖。在小學生時代就被迫唱「檢舉匪諜」的歌，雙親也曾因匪諜的檢舉而奔走過，然而恐怖政治的記憶絕不是過去的產物。

明知有匪諜而不通報者會有罪，因此彼此監視、告密的體制更加地被強化。明知有匪（壞人、帶有危險思想的人）卻沒有告密的人，亦會因「知情不報」及「知匪不報」而被逮捕。

依照「檢肅匪諜條例」，被視為共產黨的匪諜，其財產會被沒收，30%分配給告密者，35%分給辦案的特務當獎金，結果造成「以獎金為目的」的告密四處橫行。

從發生二二八事件的1947年，到蔣經國去世的1988年之間，據說叛亂事件有二萬九千五百件，遭到死刑、迫害者高達十四萬人，有人指出被迫害者95%是無辜的，其罪名都非常荒誕無稽。

1979年《美麗島》雜誌主導的抗議遊行，和憲警起衝突，發生了「美麗島事件」。任職到2000年為止的前民進黨主席林義雄，被美麗島事件牽連入獄，其間母親與女兒慘遭殺害。當時的律師陳水扁，亦加入辯護團的行列。台灣在野黨政治家大多是像這樣的人。

　　日本處在高度成長巔峰的四十年間，台灣則在黑暗之中掙扎渡過。這和浸潤於社會主義體制與中華思想的中國人、或習慣於富庶與和平的日本人完全不同，不要說是「同文同種」，台灣會孕育出和日本、中國完全不同的自我認同，亦是理所當然的事。

　　李登輝針對二二八事件，以國家元首身份正式向人民謝罪，以政府高層的立場來揭開真相，並進行補償工作。由於他的出現，民主化、經濟成長、現代化路線自此而開，但直到現在，本省人與外省人之間的對立仍然存在。

　　類似的情況，亦在斯里蘭卡發生。斯里蘭卡分別各被葡萄牙、荷蘭、英國統治約一百五十年，因此被支配的期間總共有四百五十年，即使獨立後經過半世紀，其內部仍有民族問題，同台灣一樣。動盪的時代通常會產生許多故事，其中包括個人、家族以及國家誕生的故事。

何謂台灣人

　　在李登輝的時代，他所主張的「新台灣人」，就是一個非常具有爭議性的話題，這是1998年台北市長選舉時，李登輝支持馬英九時所提出的口號。

在支持馬英九的一場演講中，李登輝問馬英九：「你是什麼人？」馬挺起胸膛回答說：我是「新台灣人」，引起全場拍手鼓掌。馬雖是所謂的外省人，但藉由提出「新台灣人」口號，將對手陳水扁打敗。

此「新台灣人」口號，甚至影響到台灣與中國處於「特殊國與國關係」的政治定位。然而，其並沒有發展到民族的問題，只停留在自我認同的層次裡。

在「新台灣人」之前，李登輝所推廣的「心靈改革」也非常流行。這是以民族自我認同為基礎的質問，與日本的「人類革命」或「心的改革」相近。在某個意義上來說，是道德、倫理、精神層次的運動。

在戰後，國民黨政權最大的課題是國民教育。「我是中國人，你是中國人，大家都是中國人」這種中國人的自我認同，被灌輸得很徹底。消除台灣人的意識是其首要工作，「台灣人」、「台灣」等字眼在政治上被視為禁忌。

但隨著台灣民主化的進展，「台灣人是什麼？」這個問題自然就浮上檯面。「我是台灣人也是中國人」這種意識，成為社會主流，「我是台灣人」這種認同超過半數，是在進入2000年以後的事。

大多數的日本人，對於「我是日本人」這一自我認同應該不會有任何疑問。然而對台灣人來說，要擁

有這樣共同的自我認同，卻十分困難。

譬如2000年的總統選舉，出現四位候選人。前台北市長、最後當選總統的陳水扁是福佬人，母語是福佬話（台灣話）；前台灣省長及親民黨主席的宋楚瑜，則是大陸中國來的外省人，講北京話；前副總統連戰是福佬人，母親為外省人，因此算是「半個外省人」；脫離民進黨的許信良，則是講客家話的客家人。

因出身的不同，當然支持者也會不同。在那裡又有宗教或個人的性格、魅力等的參雜，台灣的政治變得非常複雜。

是外省人或是本省人這種「省籍」情結，是台灣永遠的課題之一。李登輝捨棄對那些的執著，主張「新台灣人」這個自我認同。

話說回來，戰後以來一直支配台灣人的是外省人，就連在學校都有宣傳「我是中國人」的標語，企圖誇示「中國人」這個自我認同。

然而戰後並不是「民族融和」，而是「族群融和」的風潮高漲，「新台灣人」口號早在1960年代就出現過。即使如此，關於此語的解釋仍然是餘波盪漾。

有一次，新黨的立法委員馮滬祥在國會中問道：

「新台灣人是中國人嗎？」新黨是追求和中國統一的黨派，此問題很明顯是對中國人有利的立場。然當時的行政院長蕭萬長拒絕正式回答。惱怒的馮罵他是「蕭萬短」，在國會引起軒然大波。將蕭萬長的「長」換成「短」，其實是在侮辱他「根本不擅長於任何事務，是個無能的傢伙」。

馬英九在1998年的台北市長選舉打敗陳水扁，其決定的關鍵便是李登輝的「新台灣人」口號。當時連戰亦表明「我是舊台灣人、你是新台灣人」。這可說是開玩笑，也可說是諷刺：將半個外省人的連戰解釋為「舊」，將外省人的馬英九解釋為「新」。有人開始討論「新台灣人」究竟是來自對中國人排斥的心理？還是以台灣獨立為目標？

1995年是台灣割讓給日本的一百週年，台灣獨立聯盟與民進黨等團體召開「告別中國」的大集會。這一年，在台灣有以「外省老兵」為主的團體，高舉「我們是中國人」的標語牌走上街頭，但在一週後，台灣獨立建國聯盟卻高唱「我們是台灣人」來進行抗議遊行。

關於台灣人意識的問題，短時間之內大概無法消除。然而，那與排他性的「省籍情結」不同。拘泥於雙親或祖先出身地的「省籍」，是害怕自我認同喪失

的外省人所產生出來的東西。

中國副總理錢其琛則發言「根本沒有新台灣人，新台灣人也是中國人」。他既不承認台灣，也不承認蒙古、西藏、維吾爾人的自我認同。這些地區現在民族運動會高漲，也是來自對貪婪的中國人意識的一種反抗。

李登輝說明自己的「新台灣人」發言，並不是為了選舉對策，而是為了要讓台灣人「走出悲情」。此口號究竟是指政治的概念？還是文化的概念？其實非常曖昧。但無論如何，這無疑是讓台灣人重新認識自我的觸媒。

台灣的自我認同，並不會終止外省人與本省人的地盤之爭，而是一個國家存續的問題。不要被表面的「省籍」爭端所牽絆，台灣人非構築自己的新自我認同不可。

曾是法治社會時代的台灣

政治的民主化並不只限於戰後的台灣。儘管內容上有差距，除了北朝鮮與中國之外，亞洲的民主化逐漸在進展是時代的趨勢。俄羅斯與東歐亦在冷戰結束後持續發展政治的民主化。

　　中國民主運動家經常說「日本、台灣做得到，中國也可以」。然而我敢斷言「絕對不可能」。越是要求民主化就越走向獨裁專制，因為「逆向行進」是這一百年來的中國國家原理。

　　辛亥革命後，中國政權雖然極為不穩定，但國政選舉還是照常實施。然而現在則是一人無法獨攬黨、政、軍，國家就無法成立的狀況。中國非常害怕以和平手段瓦解社會主義體制這種「和平演變」。所以，對於接續在工業、農業、國防、科學技術這「四個現代化」之後的第五個現代化，也就是政治的民主化，中國卻走上反其道而行的方向。

　　經常有這種誤解出現，日本實現民主政治不是在大正民主主義時代，而是在戰後。日本傳統上是透過萬世一系的天皇制，來劃分權威與權力的政治體系。維新後的國體與政體，則是以大英帝國的立憲君主制為典範。

　　大日本帝國憲法不僅被視為清朝立憲君主制憲法草案的雛形，對近代國民國家諸國民而言，亦是其政體精神的模範。總督府時代的台灣，亦是繼承其精神。

　　1896年（明治29年），日本國會曾經討論過是否應該將日本憲法與法律制度實施在新領土台灣。在

激烈的辯論後，國會制定了三年有效期間的「限時法」，通過「關於應在台灣施行法令之法律」。此法為明治29年法律第63號，因此被稱為「六三法」，爾後亦為朝鮮半島的統治政策等帶來許多影響。

戰後，中國的史家便攻擊六三法，認為它是「殖民地支配的象徵」。然而為了統治當時混亂的台灣，特別的規定有其必要，藉此法確立法治國家的制度，從司法史來看亦是不爭的事實。而高野事件便是其象徵。

高野孟矩於1896年就任台灣總督府高等法院院長兼民政局法務部長，其間接二連三地處理了官僚貪污及冤獄事件，在台灣的官僚非常怕他。

高野斷然抗拒來自政府的壓力，拒絕辭職，並主張「司法官的身分在憲法中受到保障」。此事件直到他被解任為止，一直爭吵不斷。

關於司法獨立能發展到憲法問題，是戰後的中華民國政權無法想像的事。這可是說明當時的台灣，是法治社會的最佳證據。

戰後台灣從法治社會倒退到人治社會，民主化被迫實施的背後，不可否認有時代潮流、美國政府壓力以及民主運動者的活躍等背景存在。然而，民主化真正被推動，則是在李登輝時代的十二年之間，這是世

界公認的事實。

推動亞洲民主化的政治家當中，有不少人是強調亞洲價值的「開發獨裁型」。例外的大概只有李登輝與韓國的金泳三。

所謂現代民主化，並不是意味著只要建立詢問民意的制度就好。它亦不是只有修改憲法就好。支撐社會的諸條件之整備是必要的，超越外來壓力與民主運動的力量亦是必備的。

李登輝在政治改革中，將重點放在司法與教育改革。司法與傳統文化有很深的關係，因此光在人才培育上，就必須花一個世代以上的時間。

立法、行政、司法三權，再加上考試、監察的五權分立，是孫文的理念，然而司法的獨立卻不是那麼容易，其墮落到當政權的看門犬，這是台灣司法的現況。

關於台灣的近代教育，雖有私塾這種小規模教育系統的存在，但能接受此種教育的只佔總人口的0.6％。國民教育、實業教育始於總督府時代，其最大功勞者是伊澤修二。

李登輝時代，則開始推動根植於土地的本土教育。1997年，實驗性地在中學一年級學生身上推展以台灣為主體的社會科教育（歷史、地理、社

會）。

李登輝認為，具有責任與良心的台灣人教育，才是做為國家領導人的使命。他極力發揮康德所說「個」的主體性、正直的品性、完全的人格，並提昇文化與教養。

李登輝具體推行的是台灣話、中文、英語的語言學教育，以及「心靈」的教育。若用日語來說，是「心」的教育，也就是指經常被忽視的傳統文化與精神層面的涵養而言。

司法與教育的改革，都是將重點放在人權、精神等「人」身上，此舉是史上第一次以養成台灣人自我認同為目標的行動。

被扭曲的李登輝圖像

李登輝是首位台灣人總統，但他改革的理由並不只是因為如此而已。他認為台灣必須本土化，才能真正與民主化連接上。台灣住民大多數都是深植在該土地的台灣人，這和外來政權所觀照的層面不同。台灣原本是多文化、多語言的社會，國家、民族、社會、文化的自我認同也都不一樣。

而鍛鍊靈魂、超越奴隸根性，才是心靈改革的真

正目的。

「台灣在中華世界中，是第一個達成民主主義議會制度的地方。」其最大功臣是李登輝，因此被稱為「民主之父」。他的民主化並不透過武力改革，而是以和平的手段所達成，因此又被稱為沒有流血的「寧靜革命」。

李登輝做為哲人政治家，在日本亦非常有名氣。

我常在讀書會或演講會和日本政治家談話，這些政治家想要學習的對象，除了吉田茂與岸信介外，還經常舉出李登輝的名字。

當我問他們：「為何不是拿破崙、戴高樂、邱吉爾、毛澤東、鄧小平等人，而是李登輝？」他們如此回答：「就這麼一丁點大的台灣，完全不怕日本和世界都要時時提防的中國，為了獨立自主而與之抗衡的勇氣，值得學習」；「那是政治家的理想」、「想在李登輝學校學習」，甚至還有像作家阿川弘之那樣說出「想請他當日本首相」的聲音。

或許因此，李登輝被視為親日派。但親日的國家元首不少，在聯合國的調查中顯示，日本與加拿大都是非常被人喜愛的國家。然而日本的媒體對「反日」非常敏感，所以會給日本閱聽眾「日本人被全世界討厭」的錯覺。

在日本有很多李登輝迷，那是因為日本人才有辦法真正瞭解李登輝的精神世界。「以心傳心」並不只限於日本國內。

那麼日本人究竟和台灣、中國或其他國家的民族有什麼不同？

像中國人那麼世俗化的民族，可以說幾乎沒有宗教心，然而卻很容易迷信。台灣人亦非常世俗。

一般世俗的人，都是從世俗的標準來衡量別人。這些人只把李登輝看成一位政治家，卻很少把他視為哲人或思想家，並探討他的精神世界。那是因為政治「權力」和經濟「錢力」佔有很重要的地位。一般世俗化的人民只把這兩樣當成衡量人之價值的基準，也把這些當成欲望追求的最大目標。

李登輝圖像的扭曲，也是從這裡產生。譬如，他長年以來的夢想就是走一趟「奧之細道」。若是日本人就能理解，然而世俗化的媒體人自然地就會做一些不符事實的解讀。

李登輝常常說理想的人類圖像就是正直、忠實、品性，這也是日本人自神代以來所追求的「清明心」。這是與「漢意」或「唐心」（醉心於中國文化的心理）不同的真心，而至誠乃是李登輝最重視的精神。因此為人不正直，執著於金錢和面子是最被忌諱

的。

李登輝在士林國民小學校創立一百週年校慶演講，內容引起一些爭議。因為他指出「在五千年的歷史中，中國人社會不斷在重複騙人與被騙」。中國人對此發言群起激忿、咬牙切齒。

然而當朱鎔基說中國人「全部都是假的，只有騙子才是真的」時，也沒有任何人說什麼。因為多一事不如少一事，這就是中國人。

李登輝另外還提到一個理想圖像，就是「對公的精神」。與正直、品性並列，這也是日本人一般就有的性格。我住在日本已近五十年，還是不斷在向這種美德學習。

日本人這些性格並沒有受到他人指使要這樣做或那樣做，而是很自然地在自己的文化和風土中學習到的。

擁有信仰才能理解心靈的脆弱

基督教傳到台灣的歷史，可追溯到大航海時代。當時台灣南部是清教徒派系，北部是天主教派系。到了19世紀後半，長老教會不斷傳入，西洋醫學隨長老教會傳入，也在台灣生根。

　　李登輝開始思考有關神的存在,是在戰後大概二十幾歲的時候。向神詢問,則是在之後的事。即使是現在,夫婦兩人都還是台灣長老教會(蘇格蘭教派)的基督徒。順便一提,台灣長老教會在南部主要是蘇格蘭派系,北部是以加拿大派系為中心。

　　科學家過度重視認識論而否定神,這是一種傲慢。「死後的靈魂根本不存在」並無法得到論證。只依賴經驗主義是非常危險的。李登輝說道,沒有實踐的理性只不過是無用的空論。

　　李登輝對「輪廻」持否定態度,認為那只不過是一種自己滿足。人生只有一次,與其說期待下一次的人生,倒不如好好渡過只有一次的、「有意義的人生」,這是他的想法。

　　然而他做為一位基督徒,卻相信復活,我曾問過他這不是矛盾嗎?他回答:「並沒有矛盾。」宗教與科學是不同次元的東西,在理論上無法解明。

　　那麼李登輝在青年時代就開始禪修,為何不選擇較親近的佛教,而選擇信基督教呢?

　　佛教亦有眾生的思想,在靈魂的救贖上,不是以公眾而是以個人的悟道為主題。李登輝經常在腦中想的是聖經中的愛與公義精神,並認為「主常與我共在」。

　　李登輝認為領導人的條件必須要有信仰的存在。人不應該只停留在「因為看不見所以不相信」、「因為看得見所以相信」這種層次，相信並付出行動，才是最重要的。據說，在比純粹理性更高次元的實踐理性中找出生活價值，才是人生的終極目標。

　　所謂信仰，並不是機械式的理論，而是根基於感情的動向與情緒性的聯結。它所探求的，並非只是理性的理解，而是深層意識的流露。其對象不是基督教也行。唯有思想與人的深度，才有辦法真正建立起超越黨派利益與謀略的國家戰略。

　　李登輝在自己主辦的李登輝學校中，一直強調做為國家領導人的條件須「持有信仰，藉此才能瞭解心中的弱點」。2005年，在一場「對獲頒名譽神學博士學位的感想」的講演中，李登輝說道，那才是他在總統任內「所有施政行動中內發性總值的價值轉換的原動力」。

　　人是由靈魂（心靈）與肉體所構成的存在，為了要得到心靈的安慰，需要更高次元的存在，也就是說神是必要的。然而「因為看不見所以不相信」、「因為看得見所以相信」，這並不是信仰。

　　因日本的戰敗，其既有的價值觀崩解，優先被重視的是糧食與環境，而不是靈魂。在戰後的經濟重建

裡，充滿了物質的東西，相反地，李登輝卻開始感到
內心的空虛。在唯物論和社會主義的世界裡，他並無
法滿足心靈，為了尋求神的存在，走遍台北市內的教
會及集會處。然後，他所得到的答案是：「我不是原
來的我。」人必須持續思考自己是什麼，透過對死的
理解後，才能對帶有肯定意味的「生」有所領悟。捨
棄自我，最後所依靠的便是「神」。

聽說不執著於自我，只要相信看不見的東西，
並領悟到「耶穌基督在我的身體中活著的自我才是
『我』」的李登輝，找到了神的存在。他第一次經驗
到自身心靈的滿足。

「自己是什麼」這個問題，對新時代的台灣人而
言，是一個無法避免的課題。不要執著於自我，要相
信看不見的東西──對於活在新時代的台灣人而言，
這不正是成為其最大指標的話嗎？

為何行走《奧之細道》

李登輝非常喜歡讀書，以前我就從他高校時代的
同學和朋友聽說過。在世界各國元首中，應該沒有像
他那麼愛讀書的人。

大多數的政客都忙於政爭，幾乎沒有讀書的時

間，為何李登輝例外呢？曾文惠夫人也不輸給丈夫，是一位非常喜歡讀書的人。對國家、人民以及「做為地而不是天」的台灣非常關心。而這份關心，亦可以從夫婦二人唱的和歌和俳句當中玩味出來。

本居宣長認為，和歌是超越善惡的至高價值。到了西行，和歌甚至變成日本的真言陀羅尼。空海亦直道「和歌就是陀羅尼（真言）」，並認為和歌是帶有符咒力的真言。

那麼，何以和歌即是陀羅尼？因為西行認為：「和歌總是心靈澄澈，因此沒有惡念，只有關心後世的心在躍動。」（《西行上人談抄》）

想知道李登輝夫婦的心，最好的方法就是仔細品嚐他們的和歌和俳句，並從那裡找出「真言陀羅尼」。唯有如此，才能夠瞭解日本人的心。

> 背負台灣的十字架，
> 一步接著一步，
> 在被神擁抱之中完成任務。

這是曾文惠夫人在2000年5月20日所寫的作品。這一年在台灣第二次民選總統的選舉中，民進黨的陳水扁打敗國民黨的連戰與親民黨的宋楚瑜，這是台灣

政治史上第一次的政黨輪替。

5月21日的總統就職典禮，我亦有出席。在台灣的國賓大飯店觀看了電影《台灣民主化之路》後，我向製作人朋友及導演建議：

「石原慎太郎都知事參加典禮時的感動畫面，沒有做解說，實在非常可惜。」

都知事亦被邀請出席典禮，披露在產經新聞的「日本人！」一文中，描寫了李登輝結束演講後離開的背影，就好像「打勝戰的武士一樣」，那離開的背影非常從容，彷彿時代小說的場景一般。

李登輝夫婦都是虔敬的基督徒，即使超過八十歲，愛國心不減反增。「台灣的十字架」所指的，大概是夫婦共有的使命感，這也是所有台灣人的宿命。雖說「一步接著一步，在被神擁抱之中完成任務」，但台灣的未來不是只有民主化就能達成，這條道路非常艱辛、險惡。

> 有些事必須忍耐又忍耐，
> 明天不知為何又是一條艱辛的政治道路。

此首歌也是同一年的作品，但正確日期我不確定。

下一句也很喜歡吟誦。

人皆如草。布拉姆斯。

這是三年後，也就是2003年3月所引用中，夫人很喜歡的一句。

我和夫人有數面之緣。在2009年11月的餐會裡，很榮幸有機會和夫人談有關台灣日常生活的種種。

李登輝是出了名的讀書人，他亦非常喜歡詩歌。我到他家訪問時，他向我講解有關武士道和《奧之細道》的種種，就連芭蕉的俳句，他都能朗朗上口，讓人非常吃驚。

後來，李登輝實際走訪了「奧之細道」的旅程，2007年5月31日，在參觀完在江東區常盤的芭蕉紀念館後，又花了一星期探訪了東北地方。從芭蕉庵舊址附近的紀念館出發時，他吟唱了此句：

在深川思慕芭蕉，猶如明夏之夢。

另外，這一句是文惠夫人在宮城縣塩竈神社的作品。

　　古今思慕芭蕉的南風。

夫婦又在宮城縣的松島分別吟唱了以下兩句。

　　松島如光與影般晃眼。　　　　　李登輝

　　松島如浪漫呢喃的夏海。　　　　曾文惠

　　芭蕉的《奧之細道》，是他從江戶中經東北到大垣，花了半年走了二千三百公里的旅遊文集。
　　「古人很多死於旅行，我也不知從何時開始，看著雲彩隨風飄蕩，竟然停止不了漂泊的心情……誘惑人心的神附在我的身上擾亂我的心，而且又遇到道祖神的招手，使得我心不在焉，精神無法集中。」
　　此開頭的文章很有名，然而實際上並不是「漂泊」，而是經過充分的計畫，就連原稿也都被推敲得很仔細。
　　譬如「五月雨下在光堂上」，就是很有名的一句。據說這是芭蕉在平泉的中尊寺，看到安置奧州藤原氏三代棺木的光堂所吟唱的一句。實際上，此時光堂並沒有對外開放，根本無法參觀。
　　然而芭蕉卻道出「不斷降下的雨並無法侵犯到光

堂」，成功地用心眼描寫出超越時間閃閃發亮的光堂。《奧之細道》並不是現場實錄的旅遊文集，而是通澈領悟出來的文學作品。

對在此作品中被描繪出來的遙遠過去之思念、和自然情景、地方上的人之交流等，實在非常耐人尋味。在那裡有芭蕉的美的意識，再加上又有日本古老的「物之哀」意識，這些使得《奧之細道》變成日本旅遊文學的代表性存在。深深瞭解日本文化與靈魂的李登輝，對這本書會如此愛不釋手，一點也不會讓人感到不可思議。

「奧之細道」的旅行和兄長長眠的靖國神社之參拜，是李登輝長久以來的夢想。然而因中國暗地阻撓，日本政府一直沒有發簽證給他，直到他實現為止，花了很長一段時間。日本政府很容易就會屈服於不合理的外來壓力，這種態度實在非常軟弱。

在因「思慕芭蕉」而越洋過海到日本來的旅客李登輝夫婦眼中，現代日本不知又是什麼樣的日本？

第二章——生死觀

日本是「死生觀」，中國是「生死觀」

　　思考生與死的，不是只有哲學和宗教而已。人自古以來一直都在各種領域上思考這個問題。文學、民俗學或各種習俗都與此有關。這亦是古代神話的主要題材，諸神的戰爭與死創造了世界。

　　該如何定義宿命性的死，這個問題亦和「腦死意味人的死嗎？」或者尊嚴死、安樂死有關。對死的省察，也與生命的神秘及其價值有密切的關聯。

　　生死觀，不要說民族、宗教或一家一族，就連個人也有所不同，其大概可以分成以下四種。

- 心理・文化人類學方面
- 生物・醫學方面
- 民族・宗教方面
- 文學・哲學方面

　　精神醫師庫伯勒・羅斯（Elisabeth Kubler-Ross）提出「死的否認（denial）→忿怒（anger）→討價還價（bargaining）→抑鬱（depression）→接受（acceptance）」這五種階段的心理過程，另外還提

出「作為生物的人；作為動物的人；作為種族的人；作為個體的人；作為精神的人」這五種階段的想法。

人都有自身經驗上的生死觀，對生與死的關心，可以和對來世的關心或信仰心相比。一般世俗的人對現世非常執着，害怕死而執著生。

中國古典《易經》說道：「天地之大德曰生。」天地之道與生命是相同的東西，那是從祖先傳到子孫以保生命永恆性這種「傳宗接代」的想法。因此，才會產生「絕子絕孫是最大的不幸」這種儒家的思想。

當然，重視家與祖先的傳統，在日本也有。但日本的祖靈信仰，只不過是三代前的事，在那之前，是以集團的方式來祭拜祖先居多。這和中國人或朝鮮人執著於「族譜」不一樣。

明確區分生與死，這和祈求子孫繁榮、長生不老、神仙術的中國人不同。日本人似乎有一種很強烈的傾向，即以自身獨特的無常觀，來看待佛教思想中的生死一如。關於生與死的看法，在中國稱為「生死觀」，在日本則稱為「死生觀」。雖然只有語順上的不同，但若要問究竟是重視哪一方，或許就會呈現出不同的感性。

為了要超越生和死，宗教追求的是救濟和解脫。針對此問題進行深層思索的是佛教。六道輪迴與地獄

的思想等，則最為人所知。

日本曹洞宗始祖道元留下一些話，如生死一如，也就是生死之間沒有界線這一類的話。「生死之中有佛」、「放棄生與死是佛家一生的大事」、「生是一時之事，死亦是一時之事」，也就是說唯有通透生與死才有真實。

江戶時代儒者伊藤仁齋在《童子問》如此寫道：

「天地之間皆只有一理。有動無靜，有善無惡。蓋靜者動之止，惡者善之變，善者生之類，惡者死之類，非兩者相對並生，皆一於生之故也。」

這並不是認為惡與死是該忌諱、排除的東西，而是「皆一於生」的思想。伊藤的學問和只終於紙上談兵之空論的朱子學不同，是以實證主義為基礎的動態儒學。後代儒者荻生徂徠，亦稱讚其學問是「自古以來最高的智慧」。

和伊藤同時代的俳人松尾芭蕉每次作俳句時，都將其視為人生最後的俳句：

「昨日的發言是今日的辭世，今日的發言是明日的辭世，我一生所言的每句話，沒有一句不是辭世之言。」（《花屋日記》）

「覺悟屍骨曝露在野外的旅行，冷風無情地吹在

我身上。」（《曝野紀行》）

無論何時倒下去都不會後悔，這種境地可說已達到和宗教一樣的高點。

對一些人來說可能只是餘興的玩笑，竟也變成了生死一如的手段。即使在今日，考察個體的生，甚至是國家民族與文明的死、歷史的終點，也不失其意義。

讓台灣人印象深刻的日本救援隊

和信奉伊斯蘭教或基督教這種一神教的國家不同，日本人並不是那麼在意宗教，但絕對不是沒有宗教。從表面來看，或許是無宗教，但實際上是多神教。

很多日本人慶祝聖誕節，除夕夜會到寺院聽除夜的鐘聲，元旦則會到神社去參拜。七五三（註：滿七歲、五歲、三歲的參拜神社儀式）在神社，結婚典禮在教會，葬禮則在寺院，這些習俗並沒有矛盾。

然而，日本人的生死觀特別受到原始神道與佛教的影響。武士道與「玉碎」（神風特攻隊所象徵的殉死精神）等就是其中一個例子。

在日本稱死為「往生」，稱死者為「佛」。往生的「往」即是前往極樂世界，「生」即是在那裡轉生。也就是說，死就是成佛重生的意思。

神道也有產靈和御靈（神靈、靈魂）的生命倫理，以及死者作祟、鎮魂這種生死觀。生於神，死後成神的思想和佛教思想揉合後，變成「死者悉皆成佛」，這成為靖國神社共祀的基本精神。

神道雖然和佛教有不少共通處，但兩者的生死觀不見得都一樣。道教和基督教的生死觀之不同，就更不用說了。靖國神社問題的本質，可說存在於日本與中華生死觀的對立中。

宗教學者山折哲雄，從原諒死者文明與不原諒死者文明的觀點，來說明中日文明的異質性。不是只有靖國神社問題，強押自身獨善觀念在別人身上，並使人屈服，正是中華思想的本質。

武士道的生死觀非常的日式。殉死與自殺等習俗裡潛藏著日本人對死的覺悟。

臨死前的吟歌或辭世的句子，亦是象徵一種死的美學。

譬如以下這句詩詞就被視為良寬辭世的其中一句話。

就當遺物一樣留點東西在世。
春天若櫻花開了，
夏天若杜鵑鳥啼了，
秋天若葉子變紅了，
就當做是我的遺物。

自己若死了，就什麼也無法留下，唯獨隨四季變化的自然還留著。這首歌正如同生死不二這種「生死一如」的境地。

然而，生死觀還是會因時代與人而有所不同。明治天皇駕崩時，陸軍大將乃木希典隨之殉死的事件，造成輿論一分為二的騷動。譬如屬人道主義、個人主義的白樺派作家志賀直哉這些人，就批判「那是跟不上時代的愚行」；與此相對的，東洋美學造詣很深的夏目漱石與森鷗外這些人，卻稱讚他是為了明治精神才去殉死。以下是乃木的辭世句。

我將跟隨離開人世的您的腳步而去。

這和生活價值與死後價值相通。日本人的死的美學，和武士道所表現的美麗的死有關聯。那種清高是令人敬慕的對象。

　　1999年9月台灣中部大地震，首先趕到現場的是日本救援隊。他們排成一排，向著從瓦礫堆中被挖掘出來的屍體默禱，這些人的身影印記在台灣人的腦海中。對不認識的陌生人的死表示哀悼的身影，是那麼地令人印象深刻。

　　無論是哪國的機場海關人員，態度都非常不好，然而日本救援隊在台灣桃園國際機場準備歸國時，海關人員看到那些穿著制服的日本救援隊員，就一起向他們深深地一鞠躬，表示感謝。新聞報導說，有人因此感動到流淚。

　　在2008年的四川大地震，同樣的光景亦給中國民眾帶來很大的感動。

　　中國從上古以來，家族有人往生，會舉行盛大的葬禮並服長喪，但對他人的死卻非常冷淡，對待死人就如同動物的屍體一般。正如有「幸災樂禍」這句話的出現那樣，中國人只要自己能生存下去就好，這種國民性普遍存在。

　　對死者的看法會因各自的生死觀而有所不同，亦可以從這個地方看出來。

　　不僅是古代的埃及人與希臘人會學習死，日本人也會不斷嘗試死，武士道的精神便是如此。蘇格拉底在被行刑前說道：「死後的世界有神的存在，自己的

靈魂不僅可以和神見面，亦可以和早已死去的偉人見面，所以我非常高興。」因為在那個世間，不僅可以和友人，亦可以和英雄豪傑、賢者聖人見面，因此若是這樣思考死，死根本沒有什麼好怕的，反而是一件愉快的事。

佛教淨土思想中的極樂觀，與蘇格拉底的思想接近。在《平家物語》中亦可看到，極樂觀成為武士的精神支柱。

柏拉圖所著《蘇格拉底的辯護》說道：「所謂哲學就是學習死。」柏拉圖自身亦在臨終時總結自己的人生是「向死的準備」。死只不過是從「此世」到「彼世」的轉移而已，若能如此覺悟的話，確實就沒有那麼恐怖了。古代埃及的「死者之書」與西藏佛教的「西藏死者之書」，亦是引導人通往死者世界的解脫書。

日本是火葬文化，中國是土葬的國家。然而土葬非常浪費成本。紀元前的書《韓非子》就如此批評道：「森林會消失，山河會崩壞，其原因之一就是大型棺材。」近年來，因土地不足，中國政府搬出火葬政策，但農村的老人陸續自殺，只因要趕上禁止土葬的限期。真是令人費解。

「暗於生的開始，冥於死的終結」

關於佛教的生死觀，已在前節說過，其特徵是六道輪迴與轉生。六道即指地獄、餓鬼、畜生、修羅、人間、天道。

日本撰寫佛教地獄的作品，有平安時代的《往生要集》，此書非常有名。進入中世則有《地獄草紙》、《餓鬼草紙》等，針對在彼世與此世之間的三途之川、地獄和極樂等「彼世」觀、他界、彼岸、來世這些概念多有考察。

日本人的死生觀受佛教影響很深，或許是因為其對死後世界的考察比其他宗教來得深。日本夏天祭拜祖靈的起源，聽說是供養祖先靈與餓鬼的盂蘭盆會施餓鬼。順便一提，餓鬼不僅出現在佛教，亦出現在道教，且已在民間思想中根深蒂固。

轉生與重生、死生一如、不惜性命、生死即涅槃、七生報恩等思想，全都來自佛教。這些並非覺者的教義，而是正視真實的生死的思想，因此才會在日本生根。

弘法大師空海的《秘藏寶鑰》中，有以下這麼一段話：

「暗於生生生生生的開始，

冥於死死死死死的終結。」

　　像這種對死的意識，是法然、親鸞、一遍、日蓮、榮西、道元這些鎌倉佛教創始祖的共通處。

「厭離穢土，欣求淨土」成為武士思想的基調。這亦是《葉隱》的「武士道即是尋死」的基調。

　　末法思想和無常觀成為中世思想的主流，並做為日本人的世界觀流傳到現在。「山川草木悉皆成佛」的天台本覺思想，以及以其為基礎的「死後皆成佛」的思想，都變成日本人生死觀的核心。

　　很多日本人到現在還會認為，死就是從「此世」到「彼世」的旅途，或是融入到宇宙之中的意思。相信會重生的日本人亦非常多，而相信既不是天國亦不是地獄的重生的近代國家，是很少見的。

　　即使在西洋，他們重視的是「死後」，而不是「不死」而昇天成仙。因為基督教的思想就是：死後經最後的審判才能前往天國。然而他們不會超越天國來追究「死」。雖有慶祝耶穌基督復活的復活節，但那是指對神的信仰所帶來的復活。這與靈魂不斷地會輪迴，並一直轉生下去這種佛教思想，有著根本上的差異。

存在主義者海德格主張「死是生的終結」。同樣是存在主義者的沙特，則留下「人到死為止都是生」、「生不合理，死亦不合理」、「死是一種偶然」、「死不存在於自我之中」等。總之，死是不可知的東西。西洋的理性無法生出佛教的「生即死、死即生」這種想法。

做為超越者的「神」的意義，在日本與西洋有所不同。舊約聖經創世記以「一開始，神創造了天地」一文開始。據說在天地尚未存在之前，神就存在，神從「出現光」這一句創造了萬物。

然而，關於唯一絕對神的描寫卻非常曖昧，幾乎沒有任何說明。吃了禁果的亞當與夏娃從伊甸園被趕出，洪水吞沒了諾亞方舟以外的人類等，這些都是極為殘酷的一面，神可以說是非人格的存在。

另一方面，在日本的《古事記》裡，關於最初之神的誕生，則有如此說明：「天地初發時，在高天原變成神」、「如蘆葦般發芽生長，因而變成神」。並非神生萬物，而是神從自然中生長。神亦如同在四季中生長的蘆葦那樣，是重複著生與死的存在。

在如此情況下誕生的神當中，伊耶那岐與伊耶那美兩位神，是做為掌管萬物之神而誕生的。然而生完火神後的伊耶那美，被火燒到身體而去世，留下伊耶

那岐。伊耶那岐為了尋找妻子，而身赴黃泉國。在那裡看到全身腐爛的伊耶那美後，就想趕緊逃出黃泉，途中為了阻止死者的追趕，便放了一塊大岩石在通往黃泉口的道路上。

伊耶那美要丈夫不要看她，但伊耶那岐卻不聽勸，偷看了妻子，卻因為害怕而逃跑。無論是逃跑的伊耶那岐，或怒吼著「你讓我丟臉了」，並追趕而去的伊耶那美，都是具有人類性格的神，和一神教超越之神有所不同。

雖被視為「污穢國」，但黃泉國並不是宗教意義上的地獄。那是伊耶那岐直到用岩石擋住以前，能自由往來的地方。到死後國度旅行這種主題，在希臘、美索不達米亞等世界神話，仍然能夠看到，伊耶那岐下黃泉亦是其中一種。

古代日本人信仰還是以「生」為中心。關於死的真正考察，並帶有哲學性思維，那是在佛教傳來以後的事。但不認為死是終點或永遠的懲罰，而是極為自然的生的延長，或許是受這種神話思想的影響。

中國有十位以上的閻魔王

中國人的生死觀受到儒教與道教的影響甚深。其

特徵是《易經》陰陽二元論的思想。萬物因日與月、男與女、生與死等相反的二氣而有所變遷，這是陰陽的思考方式。

人出生時，首先成形的是陰氣的「魄」，在那裡，陽氣聚集變成「魂」。從陰陽二氣所產生的魂魄，變成了兩者缺一不可的存在。「死生為晝夜」（《莊子》）、「死生，人鬼一而二，二而一者也。」（《二程全書》）一樣都是將生死視為表裏。

雖說如此，中國人很世俗，有忌諱死、執著生的傾向。他們追求的盡是現實的、現世的利益。

「子不語怪力亂神」、「不知生，焉知死？」、「敬鬼神而遠之」、「死生有命、富貴在天。」

這些都是儒教始祖孔子的話。從這裡可看到儒教無宗教或反宗教的性質。

老莊思想說「以德報怨」，相反的，主張復仇的則是孔子的儒家思想。[2]譬如春秋時代伍子胥，為了報仇而鞭打仇人的屍體。南宋政治家秦檜之後被視為賣國賊，在中國祭拜被秦檜殺害的英雄岳飛的廟裡頭，放有秦檜夫妻的跪像。這可說是向死者鞭打復仇的思想之再現。

　　對不死的願望與信仰，自古代以來就存在。秦始皇為求長生不老藥，派徐福前往蓬萊仙島的傳說，就非常有名。在秦皇陵中被挖掘出許多兵馬俑，亦可說是再現死後世界的東西。

　　在六朝以降成立的道教，變成中國人的生死觀的主流。那是一種對長壽、不死、昇天、成仙術的信仰，與其說是對死的探求，倒不如說是對永生的追求。

　　《搜神記》中有這麼一段記載，攀登一棵大松樹不知不覺就到了仙界。這表示人界與仙界之間，沒有明確的界線。那麼，為了要變成仙人，該怎麼做？方法有三個：即化學的、物理的、倫理的三種方法。

2　中國道家的老子和莊子之所以主張「以德報怨」，是因為他們是站在超越人文世界與人類自我中心的立場，而全心向那與「道」冥合的「天地與我並生，而萬物與我為一」（莊子語）的境界邁進。至於中國儒家創始者孔子則在以五倫為核心的社會網絡裡，提出「報怨以直」的觀念，這當然是孔子的道德原則的實踐與應用，而所謂「直」，指的就是人倫之間必須遵行的道德規範，它所特別側重的是「義」的思想。不過，由於孔子尚未有現代法律所宣揚以社會正義（公義）的觀念，因此雖然他曾經明白地希望世人應當「直道而行」，但「以直報怨」的思考與作為卻仍難免有「報復」、「復仇」的意味，也難怪中國民間會流傳「君子報仇，三年不晚」這句俗話。

所謂化學的方法，是指辟穀（斷五穀）與服餌（成仙之藥＝服用仙丹）。《西遊記》就有一段提到，孫悟空吃了天界的仙桃而長生不老，這讓人聯想到中華料理式的突發奇想。

所謂物理的方法，是指調息（呼吸法）、道引（氣功）、房中（性生活），也就是一種成仙體操或昇仙健康法。

所謂倫理的方法，是指道德的累積。《功過格》這本書將人的行動分成功（善行）與過（惡行），並將其點數化。

「一年不吃狗肉（五功）」、「救朋友（一百功）」、「一生不與兩人以上的異性交往（一千功）」、「賭博一次（十過）」、「出版一本淫書（五十過）」、「殺人（一百過）」，以此來算點數。

照這樣每年每月結算點數，依據點數來決定壽命。要成為最低的神仙「地仙」須三百善，要成為其上的「天仙」須一千二百善。

然而，即使變成神仙也無法不老不死。因各自的功德，所去的地方也不同，想去欲界要一萬年，想去色界要億萬年，若是無色界就須億億萬年，用這種方式來決定壽命。

掌管壽命的神是北斗星、玄天上帝、南極老人等。然而這也不是人無法觸及的嚴格真理，可用賄賂與密告來決定，非常有趣。

譬如人的體內有一個叫三尸的神，一有空隙就會在人熟睡時從身體脫出，向天帝說那個人的壞話，藉此來減少其壽命。

每個家庭都會有灶神，祂經常會監視人，因此出現有供奉糖果給灶神，不讓祂說壞話的習俗。《三國志演義》亦有賄賂掌管生的南斗星與掌管死的北斗星，來延年益壽的內容出現。

二十四小時被監視，為了賺點數而行善，有個萬一就進行賄賂，這些不都是非常中國式的想法嗎？

在中國也不是沒有地獄的思想，中國人認為閻魔大王主宰「陰間」。然而日本的閻魔大王只有一人，在中國則有秦廣王、初江王、宋帝王、五官王、閻魔王、變成王、泰山王、平等王、都市王、天輪王……等十人。若還不夠，連閻羅王等在內，可增加到十八人。

有日本朋友問我：「為什麼中國有這麼多閻魔大王？」我總是開玩笑說：「大概是因為掉落地獄的中國人太多，審判不完吧？」

另一方面，在中國，祖先崇拜很盛行，從古代以

來就有很多帝王的墳墓。秦皇陵及明朝的十三陵就是其象徵，進入20世紀以後，又有為孫文而建造的中山陵。這讓人想起埃及的金字塔。德國社會學家馬克思・韋伯認為，「祖先靈保護現世子孫」的祖先崇拜和以來世信仰為中心的死者崇拜，必須有明確區分。

埃及和佛教思想一樣，將死後世界做詳細的區分，並將其系統化，但因死者崇拜的關係，使得氏族失去了團結。而重視祖先崇拜的中國，卻因加強家父長制度，而維持了團結。

台灣人所繼承的「拚命」這種決死的精神

台灣人忌諱死，將數字「四」視為禁忌。有一句俗語是「學什麼都好，就是只有死不能學」，這大概是道教的想法。但若只追求生的話，就無法瞭解真正的生的意義。

台灣人亦有佛教信仰，但沒有像日本那樣宗派分明，台灣一邊坐禪一邊唸阿彌陀佛，也就是「朝禪暮淨」的，非常普遍。佛教與道教的界線很曖昧，在葬禮會出現僧侶和道士。在漫長的歷史裡，雖會出現交互影響、混合的情況，但佛教和道教畢竟是不同的存在。

　　佛教把天地分成欲界（六天）、色界（十六
天）、無色界（四天），凡人就往來在這三界二十六
天之中。道教為了誇示自己比佛教優越，添加八天，
所以變成了三十四天。

　　再者，道教的仙界和佛教的極樂淨土是不一樣
的。有男性和女性的神仙，亦有像呂洞賓這樣因好色
而出名的神仙。別說是「淨土」，那是一個極為鄙俗
且充滿物欲和色欲的世界。

　　另一方面，台灣人一般都帶有「拚命」這種決死
的精神。這種精神超越了冒險精神，或許是繼承台灣
開拓時期前人之遺風的緣故。

　　**「拚」有賭注的意思，除此之外還有「打拚」、
「車拚」、「拚功夫」等用法。有人說「打拚」是
來自日治時期「打棉被，拚房間」這種清潔令，但
「拚」字在漢語中無法看到語意相同的漢字，其語源
不詳。**

　　帶有超越死的價值，像這一類的東西在任何文
明中都有。戰後日本就出現「人命比地球重」的說
法，但這畢竟是屬於特殊情況。「所謂武士道就是尋
死」，像這種日本人的精神風土，和追求長生不老的
道教是完全不同的東西。

　　該如何死，該如何超越死？這亦是生活價值與死

後價值的問題。死是人生的總結算，其意味著完成一生的意思。這並非是消滅，而是人的完成。

中國人是一個有強烈歷史意識的民族，從中小學就開始教「在歷史留名」。這和日本人一樣，「名比命重要」、「人只有一代，名是永遠的」，那是共同認知。不知拚命的精神是否也是從「名是永遠的」而來。

日本的武士或武將重名譽，認為被視為「膽小鬼」、「懦夫」是最大恥辱。死後被世間如何評價，才是他們最大的關心點，也因此變成從死找出美的原動力。武士道的死的終極美學是「切腹」。

根據新渡戶稻造《武士道》可知道，「人的靈魂寄宿在腹中」這種思想是自古代以來就有的思想。另有其他用法如「不為所動」、「決心」、「暗中盤算」、「推心置腹來談」等，亦和上述思想有關。所謂自己切腹，即是指自己給自己的靈魂最後一擊的意思。

讓人負責任就是叫人「切腹」，這意味著強制性的切腹。另外還有為報主君恩義的「義腹」，因義氣之憤而自殺的「憤腹」，因冤罪被迫切腹的「無念腹」，隨主君切腹前後的「先腹」與「後腹」，為主君殉死的「追腹」等等。

　　江戶時代赤穗浪士的復仇、幕末會津藩白虎隊的集體自殺，為明治天皇殉死的乃木希典、昭和時代切腹自殺的三島由紀夫等，這些在台灣都是很有名的例子。

　　台灣發生榮星案（類似日本的里庫路特事件）時，民進黨林文郎議員在台北市議會揮舞像菜刀的東西，叫嚷著「若和此事件有關係，我就切腹」。筆者從報紙上照片所見，很懷疑他真有死的打算，因為他拿的菜刀刀尖往上高舉，那是要砍人時的拿法，無法切腹（切腹的握法是刀尖向下的）。若是如此，那怎麼會是切腹呢？

　　織田信長有一句名言：「人生只有五十年」，據說這代表戰國時代的平均壽命，若是在台灣就更短了。根據統計，到19世紀末為止，台灣人平均壽命不超過四十。而能延長到六十，是自醫療、衛生都大有改善的昭和年代開始。

　　然而這是世界的傾向，戰前的人的壽命，哪裡都不是很長。聽說七十歲叫「古稀」，這是從杜甫的詩「人生七十古來稀」來的。也就是說，長壽的人並沒有那麼多。

　　即使在宗教世界，釋迦八十歲，孔子七十三歲算是長壽，在其一半年齡就被處死的耶穌基督，他的一

生就很短。

在佛教教義裡，「此世」壽命雖短，「彼世」人生卻很長。然而根據斯多噶學派的集大成者塞內卡的說法，人被給予的壽命並不短，已經足以完成許多豐功偉業。（塞內卡是羅馬暴君尼祿的家庭教師，六十一歲被命令自殺。）

人生有長有短，這得由各人的人生觀來決定。亞歷山大大帝只有三十二歲，拿破崙只有五十一歲，雖然不是很長命，但卻大大地改變了世界史。

在日本，超過一百歲的人持續在增加，到2009年為止，突破了四萬人。壽命百歲在現代雖然不是很稀奇，但人生的意義卻不斷被詢問。

李登輝提出反命題的理由

日本的佛教發源於印度，經中國、朝鮮而傳到日本。然而佛教在印度已消失，而在中國與朝鮮則因一連串的廢佛政策，使得佛教幾乎快消聲匿跡。只有在日本發展出鎌倉新佛教這種特殊的形態，以傳統文化在日本生根發展。

佛教以煩惱為主題，主張悟道與解脫，認為人有前世、現世、來世這種三世觀。此外還主張輪迴轉生

與因果報應，並追求涅槃。人一死就會從「此世」前往到「彼世」，和祖先與先往生的人見面，並相信靈魂會隨著輪迴轉生回到「此世」，因此對前世特別關心。

然而身為基督徒的李登輝，雖相信耶穌基督的復活，卻不相信輪迴轉生。根據「輿論動態公司」（Opinion Dynamics Corporation）2003年的調查，有92％的美國人相信神的存在，85％的人相信天國存在，82％的人相信神的奇跡。

在日本，相信「有死後世界」的人比回答沒有的人多，相信靈魂存在的人不在少數。柳田國男指出「年玉」（指過年紅包）的「玉」意味著靈魂。在日本也有祭祀死者靈魂的祭典。迎送祖先靈魂的盂蘭盆會或撫慰戰死者靈魂的靖國神社參拜正是其象徵。

柳田國男指出：「日本人即使死了也不會去遠方。死了靈魂也會留在日本。」日本人對海外移民不是很積極，但是會為了收拾戰死者的遺骨而遠赴海外，這些或許都是因為「想在故鄉土地長眠」的緣故。

在戰前的台灣，台北醫學專門學校每年都舉行「解剖體祭祀」，不忘撫慰靈魂。另外台北稻荷神社的宮司伊藤伊代吉為推廣醫學教育，招募有志之士舉

辦大體捐贈的活動，並以參加慰靈追悼的祭祀方式，
來哀悼「同志」。

對基督教徒而言，此世之生即是前往死的準備，
那是一種為了死的嚴格訓練。生的價值不是取決於時
間的長度，也就是長壽，而是被要求應該享受短暫的
人生，對財富、世俗的價值與權力無所欲。死可說是
對生的限制。

這在世界觀、生死觀、人生觀上，與追求長生不
老或不死的道教完全不同。道教在「財、子、壽」中
找到最高的價值，因此不會在那以外的東西中找到人
生的價值。

極端地來說，成為基督教徒的人只會想到死。靈
魂救贖只能以死為媒介才可能。而佛教認為「有生必
有死，人死一去不復返」，也就是說，不會有復活，
這是佛教的生死觀。

另一方面，輪迴轉生的思想在佛教以前就存在。
「靈魂不滅」的思想早在紀元前600年左右的文獻
《奧義書》就出現，據說這是印度哲學與佛教思想
的核心。希臘的柏拉圖亦在《神話》當中主張靈魂不
滅，給予尼采永恆回歸的思想很大的影響。

愛爾蘭人中有很多虔敬天主教徒，據說這些人相
信基督教以前的古代凱爾特人特有的輪迴轉生觀與精

靈信仰。

　　佛教的六道輪迴主張業所帶來的來世轉生與重生。亦有不少現代日本人有輪迴思想觀，當然這與用科學來解明或證明是完全不同的次元。關於生命的神秘與實相以及靈魂的問題，都會有人用各種手段來加以探索，這可說是一個永遠的課題。

　　宗教屬於信仰的問題，信者並不是因為那是事實才相信。在宗教裡，那是指一般所謂做為超越存在的神、做為超自然存在的宇宙以及超經驗存在等，或者是指那些的複合體。

　　宗教超越理性，人藉由信仰才能通達它。因此宗教和理性或以理性為基礎的科學不同。科學以事實判斷為基礎，宗教則以價值判斷為基礎。

　　以理性為基礎的信念與以信仰為基礎的信念，是不同次元的問題。以理性為基礎的信念，是奠基在合理性的根據上，而以信仰為基礎的信念，並沒有那種合理性的根據。在證據不足的情況下，「神不存在」、「沒有來世」、「沒有靈魂」等，這些關於有神論或無神論的爭論，自古代以來就有，即使是現代科學，也只停留在「不可知論」。[3]

　　理性思考一下就會覺得奇怪的事，在信仰次元上卻被認為應該被接受。或者被認為應該是合理的

事，在信仰次元上竟然被否定。基督教初期教父特土良（Tertullianus）就曾說過「就是因為於理不通，我才相信」的話。

英國的數學家兼思想家克利福德從「理性主義」的立場來批判宗教，並排斥信仰。因「人是會思考的蘆葦」這句話而成名的帕斯卡認為，「若神存在的話，神就是永遠無法理解的存在」，也就是說，所有人必須賭注神存在或不存在。「帕斯卡的賭注」非常有名。他認為賭「神存在」這一方才會有絕對的合理性。

到了近、現代，信奉「理性」與「科學」的無神

3　不可知論(agnosticism)由來已久，自紀元前五世紀末古希臘哲學家郭賈士(Gorgias)提出絕對的不可知論（郭賈士認為吾人不可能有獲得知識的任何機會或者途徑），兩千多年來，不可知論者始終絡繹於途。一般而言，大多數的不可知論者都是相對的不可知論，他們認為吾人之知識最終還是受到感官的限制，而感官之外的世界便處於不可知的狀態；而更多的不可知論者主張真正的知識一定要有科學可以證明為真的根據或理據，他們於是不承認形而上的存在者，而認為形而上的世界或境界是不可知的──這當然包括「神」的存在，也同時是不可知的，「神」只能經由信仰活動的靈性經驗纔可能被體認為真。由此看來，現代的不可知論者的態度基本上是站在相對主義的立場，而他們也都有一副開放的心靈，而同時保有科學之精神，以及反教條、不獨斷的審慎態度。

論者非常多。休謨與尼采等人即是代表，佛洛伊德從精神分析立場說明人在宗教觀上意圖探求超越者，並想找到它那種無意識的要求。至於以更具創造性的立場來看無意識與宗教之關係的，是超心理學家的榮格。[4]

　　「宗教與科學」毋寧說是宗教革命、產業革命、市民革命以後的大題目之一，其文獻數量多到嚇人。宗教須向科學學習，科學亦須向宗教學習的事非常多，事實上也應該是如此。宗教與科學之間的對話，

---

4 「無神論者」(Atheist)不承認有任何具精神屬性與位格屬性的超越者存在。因此，無神論和所有形式的有神論（包括一神論、多神論、泛神論以及神械論）都處於對反的狀態。甚至從只承認獨一真神存在的宗教，如基督教、伊斯蘭教的立場看來，那主張「人人皆可成佛」的佛教也被劃入「無神論」的範疇。不過，也並非所有信奉「理性」與「科學」者都是無神論者，例如近代理性主義的開山祖師笛卡兒，是依然在他的心物二元論裡為「神」安排了一個可以永遠停駐的位置，又如英國經驗主義者柏克萊(George Berkeley)本身就具有英國國教主教的身份，而不世出的大科學家愛因斯坦深信他的「神」存在於他所探索的宇宙之外，也是眾所皆知的事。當然，對神的存在作最澈底的否定的思想家，就只數佛洛伊德和馬克思了。而這兩位無神論者的宗教觀都影響深遠，他們對現代文明的發展，真可說「功過參半」，縱然有人誇大地說：耶穌統治上面的世界，而下面的世界就交給佛洛伊德了。

對我來說非常有魅力。

　　啟蒙主義時代以來，以進化論為前鋒的近代科學成果，從根本上動搖了宗教的傳統教義。

　　對宗教的批判逐漸在增多，環繞在「宗教與科學」的議論，主要都是在談「基督教與科學」之間的問題。當然「宗教與科學」不是只談和基督教之間的關係，其亦談論與非基督教圈之間的關係，這可說是一個大題目。

　　當然，科學也不是只帶給人類正面的影響而已。核武、環境災害等，亦都是科技所帶來的負面遺產，其亦必須面對有關人類生命尊嚴的新難題。

　　科學實在論與宗教實在論有很大的差異。知識與倫理無法單純地用二元論述來做切割。在宗教與科學的對話中所產生的是生命倫理、環境倫理、技術倫理、資訊倫理，也就是所謂的「複合性的科學」。

　　在那裡，能夠阻止科學技術狂奔的是宗教。李登輝會對科學家的傲慢與理性主義者的理性信仰提出反命題，亦是基於上述的理由。

　　信仰與科學，支撐科學的理性為何，關於此，有必要再做進一步思考。

過於世俗化的台灣迷信很多

　　說到近代化的特徵，在此可舉出合理主義、個人主義以及科學式的思考。因此宗教心相對地也會變得比較薄弱。這可稱是世俗化。然而世俗化並沒有帶來近代化。因為自古以來，不管任何文明都有世俗化的時代。

　　譬如，西洋的近代化就是從宗教革命開始。不僅是近代科學，哲學、文學都相繼開始抵抗宗教，其結果，神從精神世界被放逐出去。此種傾向和伊斯蘭教或印度教比起來，就非常明顯。

　　而在中華世界裡，自古以來宗教心也不是完全沒有。殷人祭祀鬼神，周人信仰天。然而從春秋時代開始，世俗化就逐漸擴大，直到今日。

　　在那期間，不僅是佛教，伊斯蘭教、基督教甚至還有其他各種宗教流入中國，並在中國消失。「三武一宗」的破佛、「洗回」這種對伊斯蘭教徒的殺害、義和團發起的基督教徒殺害運動等，都非常有名。即使是中華人民共和國誕生後，其對宗教的鎮壓、迫害，仍然持續不斷。譬如西藏、維吾爾問題。

　　中華世界可說是世俗社會的代表性存在。世界

的宗教流入那裡，也在那裡消失。社會思想的主流儒教，與其說是宗教，倒不如說是社會的倫理規範，在非宗教以前就已經是反宗教。孔子的「不語怪力亂神」最為人知，做為新儒教重新出發的朱子學與陽明學，亦非常有排他性，極端來說，是一種佛教排斥主義。

比儒教更具強烈宗教色彩的是道教。道教的教祖是傳說中的帝王黃帝與老子，然而事實上道教是六朝時代的人吸收佛教教義所創造出來的本土宗教。其原型可追溯到中華文化源頭的古代民間信仰。

道教做為中華世界的民間宗教，比儒教擴散得更廣，甚至傳播到朝鮮、東南亞和台灣。中國人忌諱死，追求長生不死，這種生死觀源自於儒教與道教。

台灣是一個多文化、多語言、多宗教的社會，和一神教國家相比較，更加世俗化（secularization），迷信也更多。

和「永遠的肯定」的相遇改變了李登輝的人生

給李登輝的生死觀很大影響的，是英國歷史學家湯瑪斯・卡萊爾的《衣裳哲學》、歌德的《浮士德》

以及倉田百三的《出家及其弟子》。當時有很多台灣的年輕人會深入思考人生的問題，年輕時代的李登輝亦經常不斷思考生與死的意義，而帶給他答案的，就是《衣裳哲學》。

《衣裳哲學》的原題是Sartor Resartus，拉丁語是「補修的裁縫店」的意思。存於宇宙的象徵與形式只不過是衣裳，本質就潛藏在其中。這意味著「潛藏在心中的東西為何，並無法從外側知道」這樣一個主題。

《衣裳哲學》總共有三卷。第一卷與第三卷是評論，第二卷共分十章。其中第七章「永遠的否定（Everlasting No）」、第八章「無關心的中心（Center of indifference）」、第九章「永遠的肯定（Everlasting Yes）」給予李登輝非常大的影響。

在第五章，因失戀對人生感到絕望的主人翁，在第六章開始旅行。接著在第七章失去希望、信仰及對他者的信賴，並陷入於孤獨的只有自己存在的狀態。此即為「永遠的否定」。

在第八章，主人翁將自己表現為「生石灰」。這是指極度中立化、鎮靜化的狀態。從永遠的否定到永遠的肯定的過程中，無論是誰都得通過「無關心的中心」。

在第九章，主人翁終於達到「永遠的肯定」。所謂人生的意義即是自由，人透過實踐和體驗，來達到事物的真相。為了在現實世界中找到天國，不應該是用皇帝般的態度，也不應該用自私自利的態度，而應該是用為人而做的態度。此即是神給予的使命。

和「永遠的肯定」相遇，李登輝改變了自己的人生。學習人生的哲學，在摸索人是什麼、何謂人生這些問題後，他的人生觀也從「否定的人生」轉變到「肯定的人生」。

李登輝在思考台灣的將來時，「永遠的肯定」成為其指標。在歷經長久的逆境，也就是「永遠的否定」，才達到實踐與希望，也就是「永遠的肯定」。這可說是持續認真思索生死意義的李登輝，所提出的獨特見解與答案。

孔子說「未知生，焉知死」，儒教不思索或省察生死，甚至視之為禁忌。而道教忌諱死，強烈祈求不死與成仙，因此無法知道真正的生。

死無疑是應該忌諱，也是最恐怖的東西。弗洛伊德就曾說過，「所有的恐怖最終都是對死的恐怖」。認為「人是會死的」之宗教，聽說只有猶太教與初期佛教。永恆的生命存在於某處，像這種夢，無論是誰都想擁有。

　　在日本讓人想到「死」的數字「四」，以及讓人
聯想到喪葬儀式的「用筷子交付東西」（日文「箸渡
し」，日本人火化後以筷子撿骨，「箸渡し」與「橋
渡し」（過橋）同音，而「過橋」正是從今世到彼世
必須走過三途之川的橋），這些都是日常生活的禁
忌。連思考人生思想的「未知生，焉知死」，都很難
不讓人想像，其只不過是一種思考停止、思想貧困的
想法。

　　相反的，亦有強調面對死的文化存在。在中世歐
洲興起「不要忘了死」的思想，以消失的蠟燭或頭蓋
骨等死的意象為作畫主題的靜物畫非常流行。要是不
認真思考死，只追求快樂，在當時會被視為一種傲
慢。這和日本所謂的「諸行無常」思想非常類似。

　　認真面對死的態度，昇華到偉大的文學與藝術，
莎士比亞的戲曲裡有十四個地方描述生死，作曲家蕭
邦為因祖國波蘭的獨立運動而殉死的同胞作曲，杜斯
妥也夫斯基的小說裡也有十三個登場人物自殺。

　　李登輝的《「武士道」解題》2003年於日本出
版，但對武士道概念抱持懷疑的日本人卻不少。李登
輝會寫這本書，是因為看不慣輕蔑「公」重視「私」
的風潮橫行於世。

　　「公」與身體力行的精神是武士道的核心，即使

到現在，也是日本人的傳統美德。這也是台灣人在確立自我認同上不可或缺的東西。建立國家就是培養人民，李登輝學校即是為此而誕生。

司馬遼太郎認為「在學問與技術上，台灣和中國大陸比起來，較有近代的經驗」，此文明觀從人類文明史來看，極具啟發性。

在日本，神道藉由折衷教義的原理與佛教進行混合，到了近代則融合了東西方的文明。此正是日本文明的特質。

在文明衝突的對話中，李登輝出世為日本人，在美國接受教育，在台灣當政治領導人發揮其手腕，並得到世界的讚賞。李登輝可以說是在美日中文明衝突與文化摩擦中成長出來的代表性人物。

正因如此，在台灣才會產生出這樣的李登輝觀點。也就是在司馬遼太郎所說的「擁有近代經驗」的台灣這個場所下，藉由西田幾多郎式的「純粹經驗」，從宏觀的文明史位置，來俯瞰與探索台灣未來的可能性這種觀點。

「純粹經驗」是日本代表性的哲學家西田幾多郎的處女作《善的研究》的核心概念。這意味著以反省為基礎的規定尚未被加入以前的直接經驗。西田向詹姆士與馬赫的哲學學習，將純粹經驗視為唯一的實

在。

根據西田的說法，相對於思惟因主客觀的框架被重新建構的普通經驗，純粹經驗則是在思惟加工以前，也就是在「見色聞聲的剎那，既沒有主觀亦沒有客觀」之處，持續經驗著的經驗根源態。

西田從純粹經驗的立場，將所有一切的對立、矛盾、發展做統一式的解明。李登輝年輕時，從西田的「純粹經驗」學習了「場所的論理」與宗教世界觀，並將其做為「台灣經驗」的基礎。不僅是李登輝，連其同時代的台灣知識份子，亦經常談論西田的哲學和鈴木的禪學。此二人的思想，亦可說是該時代知識份子的教養。

以「不是那個人說了什麼，而是做了什麼」來做評價

生死觀因文化、文明或民族、個人，會呈現出不同風貌。

死在現實無法避免，人亦不能代替任何人去死。如何面對死，這不僅只是意味著生而已，還意味著好好生活，以及和死一起找出生的意義。該如何渡過在生死狹縫中的生命，該如何思索死，對這些問題的反

省與摸索，並不是心理學家、宗教學家、哲學家、醫學家或文學家的特權。

有生死觀的人就是能正視人生的人，這是任誰都必須終身面對的東西。

害怕死是理所當然的，但亦有人因強烈的宗教心，而不怕死。若能徹底了悟生的話，那麼對死的恐懼也會跟著消失。甚至會認為那是快樂、崇高的。

生死一如是佛教的思想，這是從了悟中得來的。若能達到生死無間這種境界，就能隨年齡增加而感到安心。這就是所謂心頭滅却火亦熄。如此一來，安身立命的人就能不執著於任何事物，並能享受隨時都能死的輕鬆。

印度詩人泰戈爾如此說道：

「死不會讓光明消失。死是在黎明來臨時將燈光熄滅的東西。」

日本的《徒然草》亦如此寫道：

「生死隨時都會來到我們身上。我們卻忘記此事，觀物渡日。沒有比此事更愚蠢的。」

這些都是闡述生死一如的名句。
接著是小林一茶的俳句。

孑然一身　要死就趁竹簾翠綠的時候
死後　勿因我而悲啼　鷳鴣鳥啊
喔　這就是我終老的地方　雪深五尺
櫻花呀　你只會催促我準備往生
再會吧　我要學習一死　雨中的花蕊啊

　　日本人從以前就會將櫻花與死連接在一起。可以說是將死拉到身邊來。這或許也是一種死的美學。西行的「但願死時是春天開滿櫻花的季節，也就是釋迦入滅的2月15日之時」，亦是吟誦希望死的地方與時期。

　　當然，會阻礙此境地的，大多是來自於個人和社會。然而若能自覺到那是命運，上天所給的人生課題的話，使命感就會自然地產生。

　　雖說如此，無論多麼知道死，多麼憧憬彼世，能耐得住困難而生存下去才有價值。遁世或自殺基本上是違反社會的行為。知道「滅私奉公」的意思，才是所謂生死一如。到臨終之前，該如何解決被給予的課題，那才是人的生命價值。

李登輝說道：「評價一個人，不在於他說了什麼，而是在於他做了什麼。」無論如何高聲叫喊仁義道德、正義或正論，都沒有關聯。無論是言出必行或不言而行，在這裡所被要求的，是對「公」的評價。

李登輝到了近九十高齡，仍然參加站台助選的工作，那是因為他公開表示，「只要還沒看到台灣真正的民主化，我就不想闔上眼。」在此我們可以看到，他瞭解生死真正意義的生活態度。

從「生為台灣人的悲哀」到「生為台灣人的幸福」

「生為台灣人的悲哀」是從李登輝和司馬遼太郎的對談中取出來的題目。這造成很大的轟動，非常有名。「悲哀」、「台灣人」變成中國人的禁忌。對他們而言，「做為中國人的幸福」、「驕傲」以外的說法，是不被容許的。

「中國打噴嚏，世界都感冒」已成為國際常識的一種。其結果，在中國管制影響下的媒體，全都被動員起來罵：「李登輝應該被丟到歷史的垃圾桶裡」，甚至不斷發表一連串的文攻武嚇。

雖說如此，中國人當中亦有人在訴說「生為中國

人的悲劇」。若看中國的近現代史便可發現，從18世紀末白蓮教之亂到20世紀七〇年代的文化大革命為止，中國人民不斷在互相殘殺。因此亦有人說「能脫離祖國（中國）的人，才是幸福的人」。

然而建議將「生為台灣人的悲哀」做為對談題目的是李登輝的夫人曾文惠。我實際向他們本人確認時，李登輝開玩笑說：「不，那是我告訴她的。」夫人只面帶微笑，不發一語。那是因為兩人是長年的夫妻且志同道合的結果，應該說那是二人討論後決定的題目才對。

「生為台灣人的悲哀」是許多台灣人在戰後所抱持的情感。這不是單純的感慨，而是奠基在台灣的苦悶歷史或哀怨史的心情。

台灣差不多有四百年受外來政權的統治。李登輝還是國民黨主席的時候，就公開表示「國民黨是外來政權」，而像他那樣鼓起勇氣做這種發言的國家領導人又有幾個呢？若沒有真正的信念的話，是無法正視歷史的。

清治的台灣時常處於「三年一小反，五年一大亂」的狀態，戰後國民黨的統治比那還悲慘。追求民主化的李登輝之路，絕不是平坦的道路。

這裡提出「生為台灣人的悲哀」，需要有二個觀

點。一個是從台灣這個場所來看生活在那裡的人的宿命性、命運性悲哀。只要沒有脫離此場所，悲哀就會持續下去。

另一個是從更內在的、精神的層面來看的悲哀，如何脫離該處，變成一種課題。用佛教立場來說，如何得悟或解脫，對台灣人來說非常重要。這就是李登輝推動民主化的同時所主張的「心靈改革」。

從「生為台灣人的悲哀」到「生為台灣人的幸福」，李登輝轉換台灣人的命題，是來自其歷史的使命感。如果一直悲傷下去的話，不會有真正的幸福社會產生。必須將悲傷化為力量，並創造出幸福不可。正因為是逆境，才是從該處脫離出來的能量。

台灣氣候非常好，因係島國，不會直接受到大陸的影響，在東西文明的十字路口上，吸收了各式各樣的文化。

台灣雖然受到荷蘭、日本、中國等外來政權的統治，幾經迂迴曲折的道路，但這隨著各種試煉，為台灣帶來豐富的多元性及對應逆境的柔軟性。

聽說李登輝前幾代的祖先從大陸移民到台灣。他接受日治時期的教育，戰後進入台灣大學，隨後到美國留學。接著變成外來政權國民黨的黨主席。

這些經歷是近代台灣人特有的複雜經歷。他提到

自己在異文化當中接受各種教育：「要是我沒有出生在這個世上的話，就不會造就出現在的我。很多經驗和各種看法強力地支撐著現在的我，並讓我每日的活動變得很有意義。」

李登輝自身體驗了從「生為台灣人的悲哀」到「生為台灣人的幸福」的轉換，創造出做為台灣人的價值與生活方式是新的課題，為解決此課題，不是要改變「場所」，就是得透過心靈革命來洗滌心靈或靈魂。

生的終點是死，死又是人最關心的事，然而對生的執著，亦是人的本能。永恆在物理上是不可能的，但從宇宙、大自然的攝理來看，包含人在內的所有生命，都不斷在輪迴。

即使在個人生命消失後，藝術家傾心製作的作品，擁有永恆的生命。釋迦和耶穌基督的思想、精神，亦變成人類的遺產，得到永久的生命。

「生為台灣人的悲哀」可說是台灣人傳統的悲觀主義。然而即使不是樂觀主義者，人還是會認為若不快樂就不是人生。無論哭或笑都是一生，還是選擇快樂比較好。在台灣這個場所的苦難與逆境當中，潛藏著能讓人奮起的所有可能性。

第三章 ——場所

缺乏立體觀的中國世界觀

給予東洋人宇宙觀、世界觀、歷史觀很大影響的，是中國古漢語教育的入門書《三字經》。裡面有「三才者，天地人。三光者，日月星」這句話。天地人是指關於人和宇宙之間關係的三個次元。

在數學裡頭，亦有點、面、立體這種三次元的世界。在古希臘有地球是球體這種想法，在中國則沒有那種想法。表示東、西、南、北、中之方位的是「天圓地方」這種平面觀，但其缺乏立體觀。

我曾向物理學家的朋友問過，他說在物理學的世界裡，是以時間、空間、人間這種三次元的世界為研究對象，但中國人的「天地人」觀，卻缺乏時間的想法。

中國在佛教傳入後的六朝時代，出現了「前世、現世、來世」的三世觀。在那之後，輪迴轉生與因果報應的思想就開始生根。

古代日本人認為宇宙是天上、地上、地下這三種世界的垂直連接。天上是指高天原，神住的光明世界。地下是指夜見（黃泉），惡靈住的黑暗世界。中間的大地是指中間之國，也就是晝與夜、光明與黑暗、善與惡交錯的人間世界。

除了一部分例外，在高天原不會有神的死亡。在人的時代之前，順序上並沒有一個神的時代。因為高天原是超越時間的永恆世界。

中間之國，又被稱為葦原國或葦原瑞穗之國，這意味著地上所有的一切。海原又被稱為海（わだつみ）。

出生並住在中間之國的地上神，也就是「國中之神」，雖然和高天原的「天上之神」有血緣關係，卻被禁止到高天原去。另外，住在黃泉的惡靈雖然會擾亂地上，但它們始終是地下或地底之國的住民。

人出生在中間之國，也死在中間之國，不屬於天上或地下。日本人有獨特的宇宙觀、國家觀、人生觀，因而世界觀被塑造出來。

出生在台灣的台灣人，雖然在神話中留下了原始的世界觀，但現代人除了佛教與道教外，還接受了日本和西洋的宇宙觀與世界觀。在西洋思想上，特別是以基督教為中心，除了古代埃及、希臘、羅馬之外，伊斯蘭教世界亦變成一大潮流。

日本應該放棄念佛和平主義面對現實

中原vs.邊境這種場所的思想，誕生在古代中國，

既是「文明vs.野蠻」的文化概念，亦是「中央vs.地方」的政治概念。但這與維新後日本那種內地vs.外地的概念不同。

中土／中國這種中心思想，誕生於中原思想，以之為中華思想逐漸發展成形。雖說如此，「我才是世界的中心」這種想法，其實也不足以為奇。因為猶太人有選民思想，印加帝國首都庫斯科亦是「肚臍」，也就是世界中心的意思。

日本人將理想世界放在西方，是受佛教思想的影響。印度人特別重視北方，希臘人則特別重視東方。道教的理想世界是西方，據說是位在阿爾泰山與崑崙山之間。

中國的烏托邦是指道教的仙境，如蓬萊仙島或桃花源等。另有儒教式的、老莊思想式的大同世界。

「厭離穢土，欣求淨土」所代表的淨土，不是指此岸而是指彼岸，基督教式的天國，亦不是今生的東西。

說到方位，大概是指東西南北這種空間的位置或方向性，但中國還是執著在「中」。表示時空的話，在日本叫「古今東西」，在中國叫「古今中外」。中國人想的不是「東西」洋，而是「中與外」。因此中國總是把自己當成中心，認為世界是以中國為軸心而

成同心圓。儒家思想亦強調中原或中華的「中」。

中國看到的台灣，只不過是中央所看到的「一個地方」，或是歷史中「絕對不可分的一部分」，也就是對中原而言的邊境。在那裡沒有李登輝所謂獨立的「國與國的關係」，換言之，所謂「特殊國與國的關係」不可能存在。

無論是台灣、蒙古、西藏或維吾爾，脫離宗主國而獨立就是「背祖」、「數典忘祖」，因此獨立是不被容許的。

中國通常會利用領土問題來製造紛爭，其目的之一是將國內的反政府能量轉而向外。「統一才是中國的歷史宏願」，中國政府將此口號移植在人民的意識當中，目的在於把國內的矛盾與不滿轉而向外。因此「蒙古建立的元朝即是中華帝國，其所統治過的國家都是中國不可分割的領土」這種不合乎道理的話，才會出現。

元帝國的時代，是由蒙古來統治中國，而不是中國統治蒙古。「蒙古帝國所統治的土地，全都變成中國的領土」，這樣的話可說完全沒有道理。此理若說得通，那麼「過去曾是英國殖民地的緬甸與馬來西亞，不就全都是印度固有的領土」？

國際社會在20世紀經過了兩次世界大戰，對它們

而言，該如何防止戰爭，成為21世紀的最大課題。更何況中國是一個以「馬背上取天下」、「槍桿子出政權」的國家，中國不斷主張「為阻止台灣獨立，不惜使用武力」，此種表達方式所帶來的危險性，絕不容小看。

在此種情況下，危險自然也會降臨到日本身上。然而日本的態度卻讓人覺得很沒用。日本知識份子經常為中國宣傳和代言，還給台灣壓力，叫台灣不要舉行公民投票，據說是基於「台灣若有事，會影響日本」這種理由，然而日本人若認為一切事不關己就能收場的話，那就大錯特錯了。

位於東海要衝的台灣，面對中國毫無抵抗力，甚至逐漸被中國吞沒，日本若失去這個最親日的國家的話，相信不會安然無恙。因為一有狀況，中國就會立刻主張，沖繩以前曾以琉球王國的身份向中國朝貢，因此中國對沖繩具有領有權。不分國家大小，只要有居住人民，就必須尊重其意願，是近代民主國家的基本立場。中國的主張，不斷在侵害世界各國與民族的主權。

不能因為中國是有十三億人口的超大型國家，是具四千年歷史的國家，就認為其能擁有特別待遇，中國更不能因為那樣，就能以武力來侵犯別的國家，因

為這種行為是不被允許的。國際社會應該攜手合作，來處理此問題，日本也應該放棄以前那種念佛祈求和平的立場來面對它。

第二次大戰後台灣與斯里蘭卡的命運大不相同

　　美國戰略學家馬漢將地緣政治學視為一種近代世界的國際力學，並將其體系化，地緣政治學可說是一種戰略思考。以前Heartland（中心地帶）、Sealand（海陸地帶）這些概念非常受世界注目。然而從大航海時代、列強時代到冷戰時代，以前的二次元或平面的戰略思考，逐漸變成三次元，甚至變成四次元的宇宙、空間思考。

　　在此我想將時代幅度拉長，從文明史整體來俯瞰現代社會。

　　亞洲近代國民國家大多誕生於戰後。這些大多是多民族國家，中國、越南、緬甸都是由五十個以上的民族所組成，菲律賓、印尼、印度就更複雜了。

　　這些國家要共同生存，非常困難，因為從西歐的歐盟與東歐、東亞的現況可以明顯看出。看看英法等近代國家的先驅者就可以知道，近代的民族或國民要

趨於成熟，需要花數百年時間。

　　人口80％以上是猶太人的以色列，內部看似團結，但四周卻被伊斯蘭國家包圍，其和巴勒斯坦之間，各種衝突不斷。台灣在這一點上，亦和以色列一樣，擁有相同的問題。

　　梅棹忠夫在「自然生態史觀」這篇論文中，將歐亞世界區分為乾燥地帶周邊的第二地區（中國、印度、俄羅斯、土耳其）與其東西兩端的第一地區（西歐、日本）。而位於中間地帶的則是東南亞與東歐。

　　第二地區是古代文明的發祥地，巨大的世界帝國不斷在此上演盛衰史。即使到了近代，帝國時代的差距與官僚腐敗，仍然是根深柢固。第一地區受到第二地域的影響，雖然也已經封建社會化，但不久便躍升為資本主義國家而開始發展，並將第二地區的國家或區域，一個接著一個給殖民地化。

　　按梅棹的說法，文明具有世界規模及幾何學的對稱性，在社會發展中能看到並行現象，這些都非常具有啟發性。從此文明生態史觀，我能夠想像的是，台灣與斯里蘭卡的歷史幾何學。

　　和被稱為「美麗島」的台灣一樣，斯里蘭卡亦被稱為「東洋的珍珠」、「印度洋的綠寶石」，是一座美麗的島。語言與民族的組成也很類似。斯里蘭卡

的人口約二千萬人，僧伽羅人有74％，塔米爾人有
18％，摩爾人（伊斯蘭系的移民，或稱麻六甲人）有
7％。

這和台灣的福建人、客家人及從中國移民來的大
陸人之人口比例相類似。斯里蘭卡的原住民吠陀人和
台灣先住民高砂族一樣，都被迫面臨民族存亡的危
機。

台灣與斯里蘭卡同樣位在東西文化的十字路口
上，斯里蘭卡受到印度，台灣則受到中國文明的影響
甚深。斯里蘭卡與印度的關係，讓我從歷史幾何學觀
點（而不是從地緣政治學觀點），想起台灣與中國的
關係。

到了近代，斯里蘭卡被英國，台灣被日本統治，
殖民地體制化的大規模農場因而開展。然而，第二次
大戰後的命運，兩者卻大不相同。

做為咖啡與茶的產地，錫蘭支撐了整個大英帝
國，它在1948年以自治領地錫蘭，正式從英國獨
立。爾後經僧伽羅族、塔米爾族的紛爭，於1972
年變成斯里蘭卡民主社會主義共和國。其後民族對
立內戰不斷，到了近年，民族對立似乎有好轉的情
況。

斯里蘭卡和印度人、巴基斯坦人有共同的祖先，

但在國際上卻被承認是一個獨立國家，而且沒有遭受到大陸無理統一的要求。斯里蘭卡雖然是印度文化不可分割的一部分，但並沒有被視為印度大陸不可分割的一部分。巴基斯坦與孟加拉亦是從印度獨立出來，也被承認是一個獨立國家。這種情況在中國，根本不可能發生。原因為何呢？

印度文化在宗教上即使不寬容，在政治上卻很寬容。其只在異民族上導入種姓制度，卻不採取同化與文化抹殺政策。偏偏中國在政治、文化上，採取徹底不寬容立場，不斷以「華化」之名，來進行帝國的擴張。

做為諸文化聚集地的台灣與斯里蘭卡，自古以來有許多宗教傳入。在台灣，傳入的是儒教、道教、佛教、基督教，伊斯蘭教並沒有傳入。在斯里蘭卡，傳入的則是佛教、印度教、伊斯蘭教、基督教，儒教、道教則沒有在此生根。儒教、道教文化與伊斯蘭教文化的有無，各自在兩國接受近代化的模式上生了根。

台灣與斯里蘭卡在各自的宗教、文化與他國影響下，累積了獨特的歷史。若要思考台灣的過去、現在與未來，不僅須從文明史的觀點，還須從李登輝所推崇的「場所哲學」來進行。

「時代的斷裂」中台灣最大的特質

　　台灣在世界史或東洋史的出現，比琉球還晚。

　　我從文化史的層面，考察了有關台灣文化的多元性。我從黑潮文化的基層上溯到陸橋時代，並假設其原始的文化基層，就在於亞熱帶闊葉林、溫帶闊葉林混合林的文化裡，這是一個還沒有文字的時代。

　　在中國與日本的記錄，可以看到《三國志》吳志與《隋書》，或遣唐僧圓仁的漂流記等有關台灣的敘述。然而真正出現在歷史，是在大航海時代之後，與蝦夷、呂宋同一時期。

　　台灣的歷史特色之一，就是一直被外來政權統治。即使在19世紀清朝統治下，其土地的三分之二就像原始時代的「化外之地」。台灣初次出現統一是在20世紀，也就是在第五代台灣總督佐久間左馬太大將征服中央山脈原住民，將其納入同一政權統治之下以後的事。

　　然而這種現象不是只有台灣而已。譬如在英國，除了英格蘭外，還包含蘇格蘭、威爾斯及愛爾蘭這些凱爾特系的地方，塞普路斯內也有希臘和土耳其系的民族。即使在清代，清朝在國際法上只不過是統治一

部分台灣土地而已。因為當時的萬國公法的領土觀，
否認清朝完全佔領了台灣。

「綜觀近四百年的台灣史，台灣從荷蘭、西班牙
時代以來，就一直被許多外來政權所統治。李登輝時
代的國民黨政權，亦是外來政權。」李登輝的這一段
發言，雖然引來一陣議論，卻也刺中了國民黨政權的
本質。

像這種台灣文化、文明史才有的明顯特質，就是
時代的斷裂。每次政權輪替就會產生斷裂，因此若沒
有在時間、空間上考察此種斷裂的話，不要說是知道
台灣的過去和現在，就連知道未來也很困難。

位於亞熱帶的台灣，不僅是化外之地，還是瘴癘
之地，因此也擁有外來勢力難以靠近的特徵。這和酷
寒之地的俄羅斯形成了對比。

俄羅斯歷史的斷裂，並不是由外力，而是由內部
革命所造成。俄羅斯帝國因為革命而瓦解，蘇聯的社
會主義體制也因此而成立，但此體制瓦解後，又變回
了以斯拉夫人為中心的俄羅斯。嘗盡辛酸的俄羅斯，
在其宗教、文學、藝術、哲學、思想中，含有和台灣
不同的斷裂精神。

同樣的，台灣人的思想、精神及獨特的歷史，必
須從時代的斷裂來加以學習。因為台灣人的自我認同

就潛藏在那裡。

與司馬遼太郎的對談是台灣史的一大事件

我認為李登輝思想的源流有以下三點：

第一、李登輝是日本舊制高中的畢業生。依我個人觀察，舊制高中畢業的人，無論是在學問還是在人格上，大部分都非常優秀。

第二、李登輝從日語書籍獲取了像百科全書般的知識。就連帶有中國式教養的專門家，亦無法與之相比，即使用惡言相對，也對他起不了作用。

第三、李登輝自就任總統以來，差不多有二十年以上的時間，其間每年大約和八千名貴賓見面，其中有一半是日本人。即使用耳朵聽學問，李登輝仍然一直在累積世界最先端的知識，他不僅是國家元首、領導人，也可說是台灣引以為傲的智慧倉庫。

像這樣的李登輝和司馬遼太郎對談，可說是台灣近現代史中的一大事件。這段對話以「對談　場所的悲哀」揭載在《週刊朝日》1994年5月6～13日號上，另外亦被收錄在司馬的《街道紀行四十　台灣紀行》中。在此揭示其中幾個段落。

司馬：「出生地是由神來決定的。今日我想和總統談談『場所的痛苦』。譬如現在若出生在波士尼亞就辛苦了。但雖出生在波士尼亞，若好好努力生存下去，我想那就是人的尊嚴。」

李：「但也有雖爲波士尼亞人，卻無法爲它做點什麼的痛苦。同樣的，我們亦有雖生爲台灣人，卻有無法爲它做點什麼的悲哀。（中略）到今日爲止，掌握台灣權力的人，全部都是外來政權。最近我常平靜地這樣說。即使是國民黨，還是外來政權。那只不過是爲了統治台灣人而來的政黨。因此非把它改造成台灣人的國民黨不可。以前我們七十歲的人，在晚上很難安穩入睡。我不想讓子孫也過同樣的日子。」

在現在的波士尼亞、赫塞哥維納，從南斯拉夫獨立時，國內的民族紛爭惡化，甚至還陷入了屠殺的慘狀。那就是從1992年到1995年之間，在波士尼亞、赫塞哥維納發生的內戰。

李登輝認為上述戰後歐洲最糟糕的紛爭問題，和遭遇到二二八事件並為其後遺症所苦的台灣現狀，有重疊之處，因此才主張「國民黨是外來政權」、「非把它改造成台灣人的國民黨不可」。這不外乎是對外省人政權的批判。

　　其實台灣的中國人勢力，最不喜歡的是台灣人和日本人的交流。更何況李登輝與司馬的對談公開表示的，不是中國人政治家絕不會讓步的「表面話」，而是「真話」，也就是台灣不是中國的一部分。他們認為「李登輝終於露出真面目」，因此開始傾全力攻擊李登輝。

　　這個對談是巧妙且成熟的李登輝發揮政治手腕的獨擅場面。和之後的「國與國的關係」發言一樣，將中國政府玩弄於股掌中，他做為哲人政治家的名聲，也因此響亮於世界。這也是為了朝向二年後的總統直選，決定走民主化路線所佈的局。戰後台灣反體制派的李登輝觀，也因此發言而完全改變。我也是其中一位。

　　關於此對談，李登輝自身日後如此說道：

　　「我曾和已故的司馬遼太郎先生對談過，在對談中我用『生為台灣人的悲哀』來表現台灣的歷史經驗，到目前為止，此說法似乎已變成台灣人的歷史情感。然而我認為『悲哀』這個用語應該要被克服、超越。正因為我們經歷過痛苦的經驗，因此在朝向未來上，必須得期待新的發展。」

「現在被稱爲『外省人』的，都是那些五十年前逃離共產黨的人。重要的是，逃到台灣的這些人，不應該作爲統治者君臨台灣，而應該要尊重建設新國家的精神。爲了要建立我們的政治、社會，就必須要向『自由』與『民主』尋求基本的精神。譬如我的根源是『客家』、『外省人』或『台灣人』等，若是做這種區別的政治，我們立刻就會陷入自我認同的危機裡。」

（《諸君！》1999 年 3 月號，和深田祐介的對談）

李登輝並不是想要藉由揭露台灣人所受的傷痛，來追究外省人。其目的在於克服「悲哀」，建設新國家。只會挑人語病並針對其語病來加以譴責的人，無法瞭解李登輝真正的意思。

總之台灣像摩西一樣已經出發了

李登輝和司馬的談話中有一個主題，是舊約聖經的「出埃及記」。

很久以前，以色列的人民移民到埃及，其勢力逐漸增大。開始警戒此情形的埃及法老王，用加重徭役來虐待以色列的人民。其中有位預言者摩西，接受了

神的旨意。這是摩西將以色列人帶離埃及，為尋求應
許之地迦南，而到處漂蕩的故事。這個故事對數百年
來一直受外來政權統治的台灣人而言，是一個非常能
令人感到共鳴的主題，我們反而能從「生為台灣人的
悲哀」這句話，感受到做為國家元首的李登輝的使命
感。

　　在這個對談中，編集部問道：「台灣已向新時代
出發了嗎？」

　　李登輝回答：

　　「對，已經出發了。無論是摩西還是人民，今後
都會非常辛苦。但總之已經出發了。若是想到很多台
灣人犧牲的二二八事件時，『出埃及記』可以說是一
個結論。」

　　所謂「像摩西一樣已經出發了」，是指已經開始
向建國邁進。當然這對中國人來說，是一個禁忌話
題，李登輝在此根本不被允許說真話。

　　因此中國掌控下的媒體，經常以「李摩西」來挪
揄李登輝，對他的輿論撻伐也不曾間斷過。此騷動和
文革時代批判林彪與孔子的「批林批孔運動」，可說
是同性質的東西。

　　然而關於此發言的解釋有分歧。反獨學者戴國煇認為，此處的摩西，不是指李登輝個人，而是指決心從蔣家父子的獨裁體制脫離的領導階層，所謂「應許之地」，則是指民主、自由、均富的境地。

　　我向李登輝本人問道，「此時舉出『出埃及記』，是從西田哲學的『場所的哲學』來深思熟慮『台灣』這個場所的嗎？」他回答正是如此。

　　事實上，李登輝公開表示應該向「場所的哲學」學習，是在1990年代以後的事。而且他還自己翻譯「場所的哲學」在台灣出版，推廣哲學的啟蒙運動。

　　我從二十幾歲就開始和已故的伊藤潔（前杏林大學教授）先生一起活動。聽說李登輝邀請西田幾多郎的弟子中村雄二郎夫妻來台灣時，在書庫針對西田與中村的著作提出了很多問題。李登輝還會向中村先生如此確認：「這是我的理解，不知道對不對？」伊藤先生非常佩服其謙虛的態度，以及徹底做哲學的求知欲。

　　要看清物理學場所、社會諸科學場所及歷史場所的世界，必須具備有多角度的視野。

　　就像在廣大的世界裡有宇宙空間與宇宙物理學一樣，在微小的世界裡亦有量子物理學。另外，在物理

的場所裡有量子、粒子和乙醚，物質的成立是來自粒子和空間的組合。

歷史或許不需要空間，但不能缺乏場所。在史學範疇裡，唯有讓場所發展，「世界」才有辦法出現。

根據西田的說法，「永遠的現在」帶有「超越的環境」之意，「現在」是指「環境的」。

此世界是時間性的存在，過去和未來並不是「存在」。因為不是已不存在，就是尚未存在。現在才是唯一的實在。時間在「永遠的現在」之中出現，亦在「永遠的現在」之中消失。因此「歷史在永遠的現在之中回轉」，這種思考是可能的。

而「吾」與「汝」，做為「永遠的現在」的自己限定，也就是做為活動者，一同存在於「永遠的現在」。因此西田說道，在「現在」之中，亦有「吾」與「汝」這種個體與環境。

這個理論是說，近代物理學、心理學、生物學等近代諸科學的場所，在歷史學領域中達到了「世界」。

在台灣這個地方實踐了「純粹經驗」

哲學中的場所問題，可以從蘇格拉底的理型

（idea）、柏拉圖的場所（chora）、亞里斯多德的場所（topos）、黑格爾的絕對精神以及西田幾多郎的「場所」理論等提出來。

所謂「場所」，帶有不可思議的特性。柏拉圖認為「當有存在於有時，場所即是物」、「是被限定的有之場所」。離開有的制約之場所，首先會達到「相對無之場所」，最後才會達到「絕對無之場所」。西田哲學則是「絕對無的場所」之理論。

另外，空間又分成神聖的領域和非神聖的領域。有習俗的空間和權力的空間，以及可視的世界和不可視的世界。

除此之外，還有中心與邊緣、中原與邊境、內與外、佛教的此岸與彼岸等。大中華（中國）與小中華（朝鮮）又嚴格區分內與外，日本亦不出其外。

場所的哲學，無論東西洋，一直都是構成哲學根本領域的一大命題。在近代亦有場所（topika）（topos＝關於場所的學問）的興起。

根據海德格的說法，一切凝聚的地方即是「場所」。沙特將存在與時間的關係視為「生存（實存）的場所」，並竭盡全力在解明存在與虛無。接著，中村雄二郎重新關注空間與場所，試著創造出新的場所論。

有關「場所」的論述，主要有以下三點。

● 作為存在根據的場所
● 作為身體性的場所
● 作為象徵空間的場所

日本談論「場所」的首要人物西田，在其晚年用場所論來構築自己的哲學。場所論是其體系性思惟的產物，也是他透過和歐洲哲學的長期對決所產生的。

另外，中村雄二郎還重新檢討古希臘以來的知性遺產，將焦點聚集在場所（topika）與辯論術、修辭學（rhetoric）上，並展開新的場所論。

場所論通常是出現在古希臘的物理學及自然哲學，再者在修辭學上是出現在場所的問題，那是屬於空虛（kenon）、場所（chora）、場所（topika）等領域的東西。實踐哲學與生活世界，亦成為課題的一種。

在近代諸科學裡，「場所」被視為物理和哲學的問題來看待。至於近現代的場所論，則有宇宙工學、量子物理學、數學中的群理論、位相幾何學、位相空間理論、位相（topology）心理學等。

在物理學中的電磁場與生物學中發生學式的場所

等分野裡，領域（field）成為問題。但目前最受矚目的不是宇宙空間論，而是地球環境問題。

在西洋傳統的形而上學裡，大乘佛教的「空」及其語言化的「絕對無」、「場所」等，並沒有成為中心課題。自古希臘哲學以來，被視為中心課題的是相對有的世界。

精神、靈魂、心等眼睛看不到的相對無，以及西田的絕對無的場所之理論，被視為日本獨特的哲學。據說西田哲學主要是依據2～3世紀印度佛僧龍樹的空（中觀）的理論，西田自身也言及到《華嚴經》中的「四法界」（事法界、理法界、理事無礙法界、事事無礙法界）。

物存在於空間時，空間只不過是一個有。也就是說，「有之為有時，場所就是物」，「是被限定的有之場所」。場所一脫離有的制約，首先會變成「相對無的場所」，最後會變成「絕對無的場所」。

戰後半世紀以上的期間，場所的理論超越了文學與哲學，在自然科學的領域中，一直被討論。李登輝將台灣這個場所視為實踐西田的純粹經驗的場所，並在台灣主體性的確立上，竭盡其心力。

一方面思索做為歷史空間的台灣這個場所問題，另一方面思考該如何處理其難題——這可說是李登輝

的新課題。

西田幾多郎的「絕對無的場所」理論

　　日本人經常掛在嘴上的，是「場所」、「資格」、「頭銜」。這可說是來自其傳統的社會與文化。日本文化亦非常重視「型態」。
　　西田哲學做如下的主張：

　　「存有者是有的同時亦是無。有與無，既相互矛盾，又作為同一性的東西，共同存在。透過彼此交互限定，才會知道讓差異化共存的同一化作用在活動。再加上，現在是矛盾的場所，過去與未來若同時存在的話，那麼同一化與差異化應該會被同時進行。」

　　根據西田的看法，所謂場所是指形成自身歷史世界的「理論形態」。作用和運算（operation）即使沒有從外面介入，亦可以從場所的自己限定出現。然而和其他各種理論不同，在場所裡，元素（element）、作用和運算是分離的。
　　場所不是做為對象所能看見的東西，而是「自己所處的場所」。西田哲學是「絕對無的場所」之理

論。場所又有「有的場所」和「絕對無的場所」。然
而無的場所雖然不是零,卻也不是空虛(kenon)。
在此最被重視的是關係性。

　　西田的場所論,讓我想起柳田國男的民俗學和李
維史陀的人類學。柳田批判當時的歷史學和考古學,
因為歷史學只關注英雄豪傑,一般人民的觀點完全被
漠視。另外,考古學只探索做為物質的石頭、金屬和
骨頭等,在那裡不會出現精神性的東西。因此熟知神
話、傳說等過去精神性東西的民俗學,非常重要。

　　在台灣,經過後藤新平時代的三大調查(土地、
戶口、民俗)後,有關原住民的神話和民俗的研究,
如雨後春筍般地出現。戰後台灣的民俗學,很多方面
都繼承了戰前的日本民俗學,其成果變成無形的文化
財被保留下來,形成了貴重的財產。

　　另一方面,在日本,自1960年代以後,和馬克思
哲學並肩的存在主義開始流行。李維史陀的沙特批
判,非常受歡迎。他在《野性的思維》最終章「歷史
與辨證法」中,指出沙特《辨證法的理性批判》的過
失。

　　史陀批判的是,歷史主義蔑視空間、重視時間。
其重點是,歷史將多元的人類社會在時間當中展開,
相對於此,人類學(民俗學)則是將其在空間當中展

開。

以做爲總統的「台灣經驗」究竟完成了什麼

「個」、「我」、「我們」和場所有很深的關係。場所是指個體存在的場所，個與場所是原理上的交互關係。

另外，場所又有物質的場所和自覺的場所這兩個觀點。自覺的場所是指被開放的自我所意識的場所，自我、我、意識即是指場所。西田哲學從純粹經驗，來說明做為自覺場所的「絕對無」之場所。

若西洋文化是「有」的文化的話，那麼東洋文化就是「無」的文化。[5]有（存在）是主詞的理論，而西田哲學所講的卻是賓詞的理論，也就是無的理論。那是西田在思考包攝判斷中的主詞、賓詞之關係，以及賓詞時，所出現的場所理論，亦可說是一種新的場所論。

根據哲學家務台理作的「場所的理論」，那亦是一種被自覺為生死之場的場所。另外，根據同為哲學家的高山岩男之看法，場所理論的模式，可以擴展到個人與社會、自我與世界、個體與環境等。場所形成

中心與周邊的結構，並保有一種簡潔性。因此場所帶有人類社會，也就是人過其一生的場所或空間的意思。在此不得不說，「場所」亦是具有時間性、歷史性的東西。

西田哲學的課題是，一方面從「絕對無的場所」的根柢，來凝視歷史現實的世界，另一方面以「場所」的立場，將現實世界的理論結構做更根源性的說明。如此一來，場所的理論才能做為辨證法世界的理論被具體化。

對台灣的個人或所有台灣人而言，最應該擔憂的是，所有、所屬場所被剝奪這件事。這等於是烏龜被奪走龜殼一樣。

---

5 以「有」與「無」這兩個對立或對偶的觀念，來指出西洋文化和東洋文化之間的思想差異，確實很有意思。不過，西洋人著重「有」（肯定）的同時，也並未忽略「無」（否定）所可能引來的效應。因此，他們從古希臘、經中世紀，一直到近現代，都有「辨證」(dialectics)的思考以及理論體系，而這當然可以用黑格爾的哲學作代表，而存在主義者游移於存在的肯定與否定之間，以及基督徒在人神之間所展開的自我（小我）的澈底否定，到與神相遇的生命的大肯定（這似乎可以稱之為「生命（自我）的辨證」，也都是「有」的文化和「無」的文化這兩種文化交融的過程。而日本文化其實就在「有」與「無」的交會點上，不斷地進行著深刻的反省以及具有創造性的文化更新之工作。

　　在台灣這個場所，共生的實現非常困難。如何創造出理想的場所，是一個重要的課題。

　　李登輝年輕時學習了西田哲學，並從中覺醒自我。其做為政治實踐的「台灣經驗」，亦是來自西田哲學的純粹經驗。

　　從1988年起的12年間，李登輝透過做為總統的「台灣經驗」，究竟完成了什麼呢？其歷史貢獻，無論是內外，都受到很多的評價，但這些評價相對的，還是得從文化、文明史的立場來看。

　　若從世界史立場來看，20世紀的台灣有兩個要面對的課題。一個是克服倒退性，另一個是重建被奪走的主體性。然而這不限於政治和經濟，在社會和文化的所有領域，都應該朝那兩個目標邁進。

　　台灣受日治時代近代化的庇蔭，其倒退性隨著時間慢慢地得到解決。台灣雖然不能加盟OECD（經濟合作開發機構），但已脫離開發國家的行列，變成亞洲NIES（新興工業經濟區域），人民的水準絕不會太低。在「民主先生」李登輝提倡的「寧靜革命」中，總統直選已經實現，主體性的確立與重建也已經見到功效。

　　台灣人數十年來，為克服上述課題，辛苦付出與經營，此舉雖不算是完美，但在國際力學嚴峻的情勢

下，台灣卻能獨自解決那兩個課題。

西田的「場所」，既是現在的場所，亦是實踐的場所。做為生命體的人類存在之有限性，能夠透過他者的死被感知，死則變成絕對的過去。

戰後，台灣人的思考與行動，開始朝向世界。除了做生意的人以外，因旅行等而橫跨世界的人非常多。當然我也是其中一人。

在那裡產生異變的是，2000年開始的這十年，媒體只關心中國和台灣，不要說是「世界中的台灣」，現在幾乎可以說是「台灣的一切都是中國」的狀況了。之所以會有如此情況出現，是因為電視、報紙、媒體等幾乎都被中國控制的緣故。所謂「統媒（統派媒體）」，完全控制了言論空間。具有主體性的媒體，僅存「三明治」（三立、民視、自由時報）。

當然台灣應該看的不是只有中國而已，必須將目光放在日、美、歐等地，甚至是全世界。台灣應該要談論的是「世界中的台灣」。因為此課題才是決定台灣未來的重要關鍵。

在台灣這個場所共生可能嗎？

近年來，有許多人開始主張共生，或將台灣視為

一個共同體。當然這做為一個政治思想或應該朝向的
理想，可說非常好，在日本也經常被討論。

但我認為有些社會能實現它，有些卻不行。譬如
野生的羊與狼，若要共同生活的話，首先必須考慮其
條件。為達到此目標，我們有必要向西田的「純粹經
驗」、「場所的哲學」學習。

文化、文明可以進行交流、對話，甚至是融合。
日本神道與佛教的「習合」（融合），便是其中一
例。然而杭亭頓的「文明衝突」，亦也存在於現實當
中。台灣二二八事件，亦可能在政治上被輕描淡寫，
若從全球視角來看，那不是屬於「個」而是屬於「全
（我們）」的文明衝突與文化摩擦。

台灣是一個多語言、多宗教、多文化的社會。各
集團的民族、國家、社會、文化之自我認同都不一
樣。想在那裡創造出一個共生的場所，有根源上的困
難。

即使是近代國民國家，其國民意識的成熟，並不
是那麼容易。近代國家的創始者歐洲，即使在今日，
亦有許多類似的問題。

法國統一了科西嘉、巴斯克、不列塔尼後，不斷
在重複共和制和帝制。比利時是其南部法語系民族與
北部荷蘭語系民族共同創造出來的國家，但在今日，

南北仍然處在對立狀態，英國亦因愛爾蘭問題等，須不時面對民族衝突。

2003年，我結束在倫敦的會議後，和友人一起到蘇格蘭旅遊。導遊穿著蘇格蘭的民族服裝，用充滿幽默的方式，向我們介紹名勝古蹟，但口中說的盡是英國的壞話。其程度讓人想要叫他換話題，不過我那時聯想到韓國人。

以前日本統合了琉球、台灣、朝鮮，建造了一個近代國民國家。當時的大英帝國、大日本帝國的國民，大多受到其國家的恩澤。

1972年的「日中共同聲明」中，有以下這一段話：「中華人民共和國政府再三表明，台灣是中華人民共和國領土不可分的一部分。日本政府十分理解與尊重此中華人民共和國政府的立場，並堅持基於波茨坦宣言第八項（將日本領土限定在本州、北海道、九州、四國及其他諸小島）的立場。」

然而日本在此只有「理解與尊重中國的立場」，並沒有承認「台灣歸還給中國」、「台灣是中國的一部分」。如果「從日本的不當統治中奪回台灣」的主張有其正當的根據，就沒有必要用武力來加以威脅。

1995年，江澤民為了實現「和平統一」，發表了「江八點」的聲明。為回應此聲明，當時的總統李登

輝公開發表「李六條」，站在「兩岸分裂」的現實上，聲明追求「中國統一」。此時，雙方以「中台統一」為目標，不斷努力對話的氣氛非常濃厚。

　　然而同年訪美的李登輝，在母校康乃爾大學進行演講。其要旨是「對在台灣生活的人民而言，近年來透過政治改革與經濟發展累積下來的智慧結晶，也就是台灣經驗，將會為新時代帶來希望」。中國政府斥責其是「假統真獨（隱藏的獨立派）」，極力反對，最後還演變成在台灣海峽進行軍事演習的情況。

　　在中國國內，對美、日的批判書刊相繼被出版，甚至出現「不能原諒美國發簽證給李登輝」、「日本若沒有野心的話，就應該將台灣問題視為中國的國內問題」等主張。

　　承認李登輝是一國元首，訴說民主化的展望，這些都被認為是妨害統一的主張。只要這種單方面的外來壓力和干涉還存在，中國和台灣想要維持現狀來達到共生、共存、共榮，在現實上並不是那麼容易。因為糾纏在那裡的，分別是文化、宗教或民族的自我認同。

第四章————超越

以三個次元來思考「台灣問題」

關於西藏、維吾爾問題，中國政府做了如下發言：

「西藏、維吾爾問題根本不存在。存在的只有統一或分裂而已。」

所謂沒有「問題」，就是「讓它不要成為問題」。因此才會產生拒絕採訪、言論控制、用武裝部隊強化戒嚴令等情況。這種做法是以中華思想為基礎的做法，非常的中國式。

同樣的，中國亦認為台灣問題只不過是國內問題，並強調「反對分離」、「絕不放棄使用武力」。甚至制定「反分裂國家法」，來對抗美國的「台灣關係法」，在法律的立場上，將台灣併吞正當化。中國在戰後介入了朝鮮戰爭、越南戰爭、柬埔寨內戰等無數的內戰與紛爭，而台灣隨時都有可能會有相同的命運。

何謂台灣問題？首先得從以下三個次元來思考。

● 做為國際問題的台灣問題
● 存在於台灣內部的政治、社會、經濟、文化諸

問題

● 歷史上的問題、課題

關於做為國際問題的台灣問題，此不僅是國際政治力學、國際法中法律地位的課題而已，亦是平松茂雄等前杏林大學教授們所說的「21世紀人類最大且最後的問題」。

中國與台灣的關係，始於國共內戰的延長，其後經過六十年以上的時間，出現「一個中國」、「二個中國」、「一中一台」、「一邊一國（各自為一國）」及李登輝的「國與國的關係，至少也是特殊的國與國的關係」等形態，因此不可能沒有問題存在。尚且還有承認台灣為一個國家及其加入聯合國的課題。

關於台灣的法律地位，自二戰結束後的「舊金山和平條約」以來，在日美兩國也變成了政治上的課題。關於台灣問題，並不是單純的中國內部紛爭，它到了21世紀，仍然是人類共通的課題。

中國一直主張「台灣是絕對不可分割的固有領土」，「那是十三億的中國人應該決定的問題」，非常不講理。然而自1949年中華人民共和國政府成立以來，台灣一次也沒有被中國實質統治過。中國並沒有

任何根據可以主張從不曾到手的土地領有權。

　　即使在大戰末期的開羅與雅爾達會議，台灣的歸屬一直被視為問題。在1951年的「舊金山和約」裡，日本放棄台灣，爾後的台灣在國際法上，並不屬於任何地方。更何況，現在台灣的人口超過二千三百萬人。這是世界約二百多個國家中具第四十名規模的國家，比澳洲二千二百一十五萬人還要多。

　　中國高唱「十三億的民意」，其實很有問題。共產主義政權成立以來，已超過六十年，其間民意一次也沒有被徵詢過，因為民意系統到現在都還沒有建立。

　　不僅是外部而已，台灣內部亦有很多問題。教育、媒體、司法、國政改革、憲法、正名、主權、自我認同、安全保障、國家目標……等等，問題所在多有。

　　台灣究竟該如何理解國際生存條件，該如何建立長期性的世界戰略並創造出國力呢？這也是過去李登輝做為國家領導人一直深思熟慮的課題。

　　在對中關係裡，台灣雖然在2010年6月，簽署相當於FTA（自由貿易協定）的經濟合作架構協議（ECFA），但其內容非常不明確。李登輝現在即使已年代九十的八十八歲，仍然是反對ECFA遊行的急

先鋒，並致力於台灣問題的解決與克服。這是他的使命，也是天命。

這個「超克的哲學」，才是李登輝實踐哲學中的課題。

日本和台灣各自面臨的「現代超克」

自開國維新以來，日本近代化的歷程，大約有八十年。在列強時代的國際環境中，小國日本挑戰大國，以「坂上之雲」（司馬遼太郎著名的國民文學小說書名，意謂著日本要獨立在世界上，望向那「如登上山坡望見的天上之雲彩」）為其目標。日俄戰爭結束後，日本變成一等國，並與先進諸國平起平坐。最後甚至挑戰大東亞戰爭。

只要看人類史就知道，像這種國家、民族的命運，大多一直在重複。即使在中國古代，在北方的黃河文明與南方的長江文明之對立當中，南方的越國統一吳國，在戰國時代裡，被稱為楚蠻的楚國，亦被認為是中原的國家。孔子主張的「尊王攘夷」的「夷」，原本就是指楚國。

日本經歷苦難的道路，和英美進行「最終戰爭（石原莞爾語）」的經過，都非常類似上述的情況。

　　李登輝在京都大學農學部時，有一個反省近代化的哲學學派，世稱京都學派。其所關注的世界史課題，即是「近代的超克」。

　　所謂「近代的超克」，具體來說即是指對西洋近代主義的超克。也就是否定民主主義與自由主義，取而代之的是提出Yamatoism（日本主義）。

　　西田哲學可說是代表，其對「近代的超克」提供思想的基礎。西田的思想和黑格爾的辨證法及批判它的馬克思主義之唯物辨證法不同，其思想的形成來自佛教式的東洋思想「絕對無」，西田哲學是一種絕對辨證法。

　　這裡潛藏的是回歸傳統文化的意志，但比那更重要的是統一、揉合東西洋文化的企圖。近代超克的基礎，可說是來自大乘佛教的自覺，也就是絕對無的自覺，這點和田邊元的哲學有共通之處。

　　關於近代的超克，另有從文化論和政治、歷史哲學等觀點來討論的。1942年7月，《文學界》雜誌舉辦了一場叫「知性的合作會議」的座談會，詩人三好達治、文藝評論家小林秀雄、物理學者菊池正士出席這場會議。此會的主題即是「近代的超克」。

　　對文藝評論家保田與重郎及龜井勝一郎這些參與此會的人而言，所謂近代的超克，是指文明開化理論

的終結，同時意味著藉由脫亞、脫歐來回歸日本。所謂近代，即是我們自身，而超克即是超越自己。

京都學派哲學家高山岩男認為，第一次大戰到第二次大戰是歐洲世界秩序解體的過程，並主張九一八事變及退出國際聯盟等日本的動作，才是對立足歐洲近代原理的世界秩序之抗議。（《世界史的哲學》）

說到1942年，正是日本以「脫亞入歐」之名推動近代化大約經過七十年的時候。西洋式世界秩序的矛盾逐漸明顯，這也是日本朝向建設大東亞共榮圈，文化人重新質疑「近代」方向的時代。

文藝評論家竹內好認為，在戰後，「近代的超克已成為一個事件，是一個過去的事件。」然而其做為一個思想，卻沒有變成過去。對戰後已經過六十年的日本而言，與其說是近代，倒不如說現代的超克是一個大課題。

戰後的日本，從戰敗的廢墟，蛻變成世界經濟大國，人們甚至開始主張「已經不是戰後」。然而泡沫經濟的瓦解及「失落的二十年」還是持續不斷，之後還是處於停滯的狀態。

到了現在，個人資產額等雖然位居世界頂端的水準，但不斷有人指出其道德低下、封閉、欠缺未來眼光等精神上的缺陷。這些都是日本人今後必須得面對

的「現代超越」之課題。

台灣從19世紀末，開始步入日本化＝近代化的道路，然而戰後卻和日本分道揚鑣。在其背後產生了國際環境的變化。由於東西冷戰及南北問題，世界起了巨大的價值觀變化，從多元列強的時代，進入二元對立的時代。

另外，大戰後無論勝敗，所有國家都進入了殖民地終結的時代。戰爭結束時大約有六十個國家，但經過半世紀後卻增加了三倍。新興國家大多是從殖民地中獨立的國家。其中唯獨台灣沒有跟上腳步。

台灣在戰後，二十萬的軍人和四十萬的平民，合計約六十萬日本人被遣返日本的同時，國民黨軍開始進駐台灣。國共內戰後，又有戰敗軍和難民共二百萬人流入台灣。國民黨主席兼國家元首的李登輝公開宣稱此狀態為「外來政權」，此發言完全表現出戰後台灣政體的矛盾。

現今經濟起飛的台灣，逐漸擺脫後退性，本土化運動及總統選舉也已經實現。雖說如此，主體性的確立，卻還沒有完成。

台灣處在和超過半世紀前日本提起的「近代的超克」完全不同的時代背景，面臨著現今的課題。此正是做為歷史課題的「現代的超克」。

中國不放開台灣的理由

　　大航海時代後，歷史從陸地的時代轉移到海上的時代。人類在航海時代中，完成了「空間革命」，隨著時代轉變，國家、民族、文化、文明，也開始急速改變其面貌。

　　譬如在歐亞大陸，大蒙古帝國瓦解後，俄羅斯帝國、奧斯曼土耳其帝國、明、清帝國、帖木兒、蒙兀兒帝國等，在各自的文明圈中，都產生了其後繼國家，不斷地在重複著興亡史。另一方面，葡萄牙、西班牙、荷蘭、英法等海上帝國，也不斷在爭奪主導權。

　　葡萄牙人發現台灣，讚嘆「福爾摩沙（Formosa＝「美麗」的意思）」，台灣在世界史登場，也是在大航海時代。即使進入近代，台灣也面臨了列強時代、冷戰時代的危機，並在歷史中扮演不亞於主角的重要角色。

　　雷伊泰灣海戰時，日本的進攻基地即是台灣，在朝鮮戰爭時，美國杜魯門總統從台灣派遣第七艦隊，強調台灣在地緣政治學上的重要性，並認為「台灣能匹敵二十艘航空母艦」。台灣在戰後的經濟貢獻，也

不容小覷。

　　中國不肯放棄台灣，是因為其地緣政治學及經濟的重要性，這和歷史事實等，也不是沒有關係。另外這亦和「台灣獨立就是分離中華民族，分裂中國國土的陰謀」的主張有關，但所謂「中華民族」，即是將公認五十五個非漢民族強制同化到漢民族的說法，等於是沒有實態。

　　在李登輝之前統治台灣的蔣介石、蔣經國父子，實施了四十年的「中華民族」教育，但結局還是沒有成功。其反動的結果，造成台灣人意識的高漲。連人口二千三百萬人的台灣都無法同化的「中華民族」，根本不可能深植到十三億人身上。

　　蘇聯過去也曾是逼近三億人口的社會主義共和國聯邦，但1991年瓦解後，現在分裂成十七個加盟共和國（獨立國協）。過於龐大的國家，必會有瓦解的一天，這就是歷史，也是世界的趨勢。

　　中國視台灣獨立，也就是「台獨」為「台毒」，並時時戒備，這也是因為有蘇聯的前例。《三國志演義》開頭寫道：「天下分久必合，合久必分。」一治一亂是中華帝國時代以來的教訓。台灣若獨立，西藏和蒙古等必然也會燃起獨立的火苗。

　　雖然也有「中國會因台灣的獨立而滅亡，其影響

會波及世界」的說法，但這只不過是勉強將十三億人統一起來的體制問題，不是台灣的責任。追求獨立自主是一個近代人理所當然的要求。

在此我們把目光轉到世界，並概觀現代的課題。

美蘇冷戰雖在1990年代初終結，然而仍以在亞洲實質上還在持續的看法居多。另外，一直以來的東西問題（共產主義與資本主義之間的政治、軍事緊張）及南北問題（先進國家與發展中國家之間的經濟差距），亦有巨大的變化。經濟發展地區，亦從台灣、墨西哥、希臘等的NIES，轉移到BRICs（巴西、俄羅斯、印度、中國）所謂「金磚四國」身上。

冷戰以降，發生了阿富汗紛爭（1978年至今）、兩伊戰爭（1980～1988）、波斯灣戰爭（1991）、伊拉克戰爭（2003）等。這些都牽涉到宗教、民族、資源等，十分複雜，到現今仍然有許多問題。

再加上關係到民主、自由、人權、人口、環境等，新的課題不斷在發生。所有民族與國家等的利害交織在一起，問題變得更複雜。

人類中心主義與自然主義

一個人該如何處理民族、國家以及世界人類所面

臨的各種問題與矛盾，而且又如何超越呢？這不僅是
政治，亦是宗教、哲學等文化的問題。這些問題亦是
自古以來許多哲人都一直在思索的課題。

譬如，柏拉圖的理型與黑格爾的絕對精神，都是
來自理性立場的超越論。基督教的「神」是超越時間
的立場，老莊的「道」是時間以前的超越形態，佛教
的空、無、禪亦可說是超越論。

關於人與自然關係的代表思想，有孔子、孟子的
人類中心主義和老子、莊子的自然主義。關於人有超
越生命的可能性之代表思想，則有追求無限生命的道
教之昇仙思想，這可說是世俗化民族的夢想。

然而，上舉思想和基督教的復活與天國思想、佛
教的輪迴轉生與欣求淨土、極樂往生思想都不一樣。
超越自己擁有無限生命的人才是神。

近代西洋文明的特色是個人主義與合理主義，這
些可說是現代人的特徵。用個人主義、合理主義下的
自我征服自然，成為時代的目的，其手段是科學技
術。然而此做法所帶來的卻是環境的破壞。

有人憂心再這樣下去的話，到了2150年碳酸氣體
可能會達到3％。這亦是人類中心主義直接面臨的問
題。

西洋宗教哲學的超越論是外在的東西，相對於

此，在東洋則是內在的超越。

非得脫離中華思想的束縛不可

　　過去日本人對真善美的追求，是眾所皆知的。三宅雪嶺的《真善美日本人》、《偽惡醜日本人》以及西田幾多郎的《真善美》、《善的研究》是戰前膾炙人口的書。

　　亦有西洋人以真，日本人以美，中國人以善，印度人以聖為最高價值的說法。真善美是人類共通的理想，但能全部追求到，是非常困難的。

　　也因此，德國哲學家雅斯培所謂的包攝者（超越者）所追求的正是這些價值。根據雅斯培的說法，超越者或包攝者並沒有將真善美視為絕對的價值。這些價值觀只不過是人類在生存中不可或缺的東西而被想像出來的假定，並非是實體性的東西。其只不過是存在於超越現實存在的超越者與包攝者的辨證法當中。

　　另一方面，黑格爾假設了只有一個人才有自由的「亞洲型專制獨裁社會」、少數人自由的「希臘型貴族社會」，以及所有人都自由的「日耳曼型社會」。

　　美國政治學者杭亭頓，針對世界民主化潮流，寫有《第三波》。第一波是從17世紀到20世紀美國獨

立、法國大革命等潮流，第二波是從第二次大戰到戰後的諸國之民主化，第三波是1974年以降相繼產生的第三世界國家與共產主義國家之民主化浪潮。民主化已是歷史的趨勢，誰都無法忽視其影響。問題就在於如何創設新的價值觀。

民主主義承認的是多元價值的共有與共存。在那裡所需要的是自覺自己的有限性，以及追求更高價值的精神。超越多元價值的高層次價值基準，只有做為假設才能存在。然而，人類為了生存下去，也只能想像統合所有價值的超越性價值。

在過去，亦有如同基督教和伊斯蘭教的聖戰般超越民主與自由的價值觀。這與人命比地球還重這種戰後日本人的「唯命觀」非常不同。佛教亦有不惜身命、超越生死的價值觀。所謂佛教的超越，即是指物心一如、真實本相、絕對空的顯現。

李登輝在演講時，曾引用積極參與非洲難民與貧困支援的作家曾野綾子的話：「對曾是奴隸的人而言，建國是一條非常艱辛的道路。」

「出埃及記」中的摩西，亦遇到很艱辛的事，就是為教以色列人認知神究竟為何物而絞盡腦汁。今後的重要課題，應該不是物質層面，而是如何從自我認同和精神層面中找到價值觀。

　　因此李登輝才主張道，非得脫離中華思想的束縛不可。

　　日本的情況亦是如此。為了不觸怒中國，將自國利益和驕傲放在一邊的日本，可以說被中華思想的價值觀給套牢了。台灣與日本各自有其價值觀，只有從中華思想上的精神獨立，才能確立真正的主體性。

從空海的《十住心論》解讀台灣

　　空海的《十住心論》有許多值得學習之處。我從此書學到很多橫跨思想、精神、哲學等的東西。

　　我過去曾在「讀空海的《十住心論》」一文中，透過其和黑格爾《精神現象學》的比較，來考察「如何讀」這本真言宗的不朽之作。我曾向台灣大型出版社建議翻譯此書，然而若沒有對佛教哲學與西洋哲學有相當程度的理解，那是很困難的，因此並沒有實現。

　　曾學習過歷史哲學與西洋哲學的我，從1980年代起，對佛教哲學感到興趣。一開始我是對平安時代的代表高僧最澄與空海感到興趣。此二人是同一時代的人，都是經過很長且嚴格的修行與思索，而領悟到生命和宇宙的奧義，並建立自身宗派的高僧。兩者的修

行之道，對後世的影響完全形成對比。

最澄的天台宗，以「圓、密、禪、戒」四宗為核心，圓意味法華經。最澄為了學習空海的密教，親自入其門下，並接受灌頂（成為密教的正式繼承人之儀式）。

最澄做為一位求道者，將其心血全都注入在天台宗，可以說一生都奉獻給天台宗，為了信仰與真理，不顧任何犧牲，堅決不向保守的奈良佛教勢力妥協。他雖受到為政治革新奔走的桓武天皇之庇護與期待，但天皇駕崩後卻處在佛法論爭的逆境，最後在失意中圓寂。

另一方面，真言宗的空海和最澄是完全不同個性的人。空海認為佛教的本義並不是用論爭，而是透過實踐才能習得，因此採擇不正面對決的立場，慢慢將奈良佛教收攝在自己的思想體系中。

空海多才多藝，不僅熟知佛教，還精通漢文與梵文，且學識廣博。在詩文筆墨上，擅長以日本無雙、曼荼羅等為主的繪畫。對水利工程等社會事業的貢獻亦非常大，他還創立最早的日本的私學「綜藝種智院」。關於弘法大師在各地的傳說，超過五百個。

空海在文學、言語學、教育、藝術等領域上都非常優秀，不僅是思想家，還是政治家。得過諾貝爾獎

的物理學者湯川秀樹稱讚道，「空海超越亞里斯多德和達文西，是人類史上無與倫比的超人。」

最澄在不得志和苦難中，留下未完成的哲理，結束其一生。然而對他而言，死並不是人生的終結，而是再出發。繼承天台宗法脈的淨土宗、淨土真宗、臨濟宗、曹洞宗、日蓮法華宗，孕育出很多高僧。因此天台宗有日本佛教淵叢的稱號。

然而空海之後，既沒有分派也沒有高僧出現。或許是因為弘法大師的真言密教已成為一個自我完結的體系。

萬能的天才空海，不是一個適合日本的人物。日本文化追求的，既不是萬能的超人，也不是完美的聖人，而是對不完全、未完成的態度。在那裡因為有朝往完成的動機存在，所以尚有發展的餘地。

然而在思考何謂「超越」，或別的視野中所說的「包攝」為何等問題上，《十住心論》則非常帶有啟發性。

空海首先將人心的發展階段分成十個。最低層次是異生羝羊心（異生＝凡夫，羝羊＝牡羊）的本能階段。第四住心到第六住心是小乘佛教，第七住心到第九住心是大乘佛教各宗，最高層次的秘密莊嚴心才是所謂的真言密教。

到第九住心為止，都是密教以外的教義，屬於觀念的哲學，但第十住心則被定義為宗教完整人格的行為，其包含了密教的實踐教義、精神、語言、肉體。

中國所謂世界三大宗教，分別指天主教（基督教）、伊斯蘭教、儒教。聖人孔子將天下統一的「同文、同倫、同教」，視為至高無上的教義，並主張「儒教統治天下的時代，才能迎接幸福的千年盛世」。

然而在《十住心論》裡，儒教只不過是稍微離開動物本能的第二住心，道教則被視為第三住心。此書對中華文化思想與精神的評價非常低。

我對此種對人心成熟與發展的定位，有極大的共鳴。空海主張佛教優於儒道，顯然在其青年時代所寫的《三教指歸》當中就能窺見。

《十住心論》所示的心的發展階段，可以說是比黑格爾與馬克思之流的西洋存在論、邏輯學還早出現的認識論。密教的課題和以前書齋思索理論完全不同，其所追求的是體驗的世界。密教在曼荼羅世界中，追求包攝世界諸思想、哲學、宗教等的共生之道，並揭示了有關生命的學問。

宗教基本上都具有排他性，然而《十住心論》卻對其他宗派非常寬容且具有包攝性。其不僅網羅了當

時所有的思想和哲學，還具有融合之後興起的淨土宗、禪宗等佛教諸派，甚至有包攝神道、基督教、猶太教、伊斯蘭教之可能性。

近代思想一般都有時效性，因此不具有持續性，生命非常短暫，然而空海思想的自由特性，包容複合文化式的、且具思想性、綜合性的普遍主義以及多元的價值觀，到今日仍然非常有活力。

空海的思想體系並不否定其他宗教和宗派，在發揮其各自特質的同時，試圖引導出大和諧及共生的世界，其超越性與包攝性，歷經千年而不衰，值得台灣人學習的地方很多。

從「李登輝情結」到「心靈改革」

直到1996年進行空前的總統直選為止，關於李登輝的「我的鬥爭」，在日本有《虎口的總統　李登輝與曾文惠》（上坂冬子著，文春文庫）、《台灣的主張》（李登輝著，PHP研究所）等的出版。至於沒有被文字化的部分，可以從李登輝的親信及友人口中得知。

1980年代末，繼蔣經國之後，李登輝擔任總統的職位，在當時的台灣掀起了兩股潮流，一是以外省人

第二代為中心的大陸移民之「逢李必反」，一是本土派台灣人的「李登輝情結」。

所謂「逢李必反」，是一種非常具有中國情結的行動，堅決反對李登輝所有發言和政策，並對之惡言相向。這是歷經四十年的兩蔣時代裡，未曾出現的社會現象。

日本在野黨也有「對任何事物都反對」、「為了反對而反對」的立場和言行。然而這和「逢李必反」有程度上的差距。因為這股勢力獨占媒體有半世紀以上的時間，並以此為武器，和中國政府呼應，展開言論的攻擊。在那裡潛藏著「不承認台灣人擔任國家元首」這種中華思想的優越感。

話說回來，何謂「李登輝情結」？台灣話「情結」意味著感情上或精神上的歸屬感和連結。日語沒有這種語言表現，比較接近「維護（ひいき）」的意思。「情結」在李登輝時代成為一種流行語，常被拿來用，之後就消聲匿跡了。

無論是「逢李必反」或「李登輝情結」，都是極為情緒的表現。用黑格爾的精神現象學、胡塞爾的現象學，或者是弗洛伊德與榮格的精神分析與深層心理學來加以分析這些現象，相信會成為台灣人精神史上的一大課題。

　　產生「李登輝情結」的歷史背景，主要是在苦境或逆境中成長的台灣人的自我認同。在那裡潛藏著李總統和司馬遼太郎對話中的「生為台灣人的悲哀」與「台灣人出頭天」這種對解放的渴望。

　　戰後「台灣光復歌」裡頭，被賦予「今日台灣光復了，世界光明了」的夢想與希望。然而接著下揭的諺語開始流行：

　　　　台灣光復　歡天喜地
　　　　貪官污吏　黑天暗地
　　　　警察橫行　無天無地
　　　　人民痛苦　哀天怨地

　　1947年的二二八事件接著發生，「狗去豬來（狗＝日本人走了，豬＝中國人來了）」的說法，在街坊間開始流傳。

　　在這種背景下當上國家元首的李登輝，提出了一個台灣全國人民的精神課題。此課題重視的不是「物」，而是「心」的問題，也就是所謂的「心靈改革」。

　　關於觸及到心靈與靈魂的社會改革，創價學會提倡了「人間革命」，在中國則有宣傳共軍兵士雷鋒自

我犧牲的精神，也就是「向雷鋒學習」的運動。在文化大革命的時代裡，「宗教是人民的鴉片」，這成為至今對西藏佛教進行「文化虐殺」的泉源。

世俗化的台灣人雖有很強的宗教心，但迷信亦非常多。道教是其象徵，而佛教派系裡也有許多狂熱的宗教團體。

李登輝的心靈改革，也就是心的改革，所追求的是對台灣人奴隸根性的超克。由於牽涉到心靈與靈魂的問題，因此心靈改革並非一件容易的事。我從此處聯想到的是鈴木大拙的《日本的靈性》，他認為靈性是一種宗教意識。靈性即是民族到達某種程度的文化階段時所自覺的東西，人唯有透過靈性的自覺，才能理解宗教。而在神道當中，無法看到日本的靈性。

其理由是，神道是日本將自古以來的原始習俗國家化的產物，雖然非常日本，卻尚未達到靈性的階段。《萬葉集》的詩歌也是一樣，愛的喜悅與悲傷雖然都直接地被呈現出來，但其並沒有對這些情感進行反省與思索。

大拙指出的日本靈性，是禪與淨土系的思想。兩者的起源雖然都是外來思想，但在印度和中國卻未曾出現過法然和親鸞。再加上日本人的精神裡頭，本來就有禪的性質，外來的禪和其內在的部分一契合後，

便成為日本人的靈性。新興佛教接二連三誕生的鎌倉時代，可以說是日本靈性萌芽的時期。

　　世俗化的台灣人，現在仍然無法找到超越「力量」或「權力」的價值觀。然而身為虔誠基督徒的李登輝的精神與心靈改革，將會為台灣人帶來靈性的自覺。關於今後心靈與靈魂的問題，必須得從「台灣的靈性」來尋找「心靈改革」的道路不可。

台灣問題的範例

　　進入2000年後，關於台灣的議論，不出「台、中關係」。特別是媒體，幾乎都已中、台一色。

　　原本台美、台日或台灣與世界之間的關係，也都應該受到關注，然而由於媒體的偏頗，呈現出台灣現在與未來的一切都只和中國有關的論調。在不知不覺中，台灣已掉落在中國的思惟陷阱裡。

　　事情會變成這樣，也許有很多理由。首先是國際關係的變化。冷戰終結後，美國霸權的時代結束，美中分庭抗禮的態勢已明顯呈現，「中國崛起」的論調，逐漸在升溫。中國改革開放後，將目光轉而向外，開始主張「台灣是絕對不可分割的固有領土」、「絕對不放棄武力」。像這種文攻，在次數上已超過

一千次。只要中國一出聲，世界的目光自然就會聚集
過來。

　　中國目前以「以商圍政」、「經美制台」、「外
交三光作戰」、「經濟三光作戰」等「超限戰」來圍
攻台灣。

　　特別是在1989年天安門事件後，以歐美經濟制裁
為契機，台灣企業的對中投資加速在進行。台灣產
業的空洞化也隨之產生。在中台尚無經濟交流的時
代裡，台灣經濟一直都很順利，然而現在「若沒有中
國，台灣就沒有未來」的輿論卻逐漸在形成。

　　事實上，台灣的輿論受控於國民黨，也就是受到
中國資本的控制，其有誘導對中政策的效果存在。目
前的台灣，和戰前「亞細亞的孤兒」比起來，更加孤
立，變成了「世界的孤兒」。

　　台灣的問題除此之外還有很多。關於台灣為求生
存，在外交、教育、司法上該如何自處，李登輝在自
己的著作中亦有所論及。在中台關係處理上，並非只
要否定或敵視中國就可以。

　　中台關係雖然非常重要，但若從國際力學來看，
決定台灣將來的方向，大約可分為三個。最重要的是
台灣人自身要如何決定，其次是美國的意向，最後則
是中國的動向。關於此，拙著《台灣近未來》（新國

民文庫）有詳細的論述。

　　若回顧大航海時代，可知台灣曾是地球最後秘境之一，和任何地方都沒有關係。之後才開始和荷蘭、西班牙、清有往來。台灣從19世紀末，以日本內地的延伸，開始與世界進行交流。在列強時代裡，台灣雖有台灣自身與世界之間的交流方式，卻非常有限，但進入戰後的東西冷戰時代後，成為歷史的寵兒，和日本一同享受其恩惠，以通商國家成為亞洲的優等生。

　　隨著時代改變，地緣政治學的環境也不斷在變，國際社會的評價也會跟著改變。不，應該說非得改變不可。政權若改變，當然政策也會跟著變。至於台灣會變得怎麼樣？該如何做？確實有轉換觀念的必要。

　　2008年馬政權誕生後的台灣，在媒體、司法、主權上，面臨了非常大的危機。至於外交和國防，則表明「休兵」，但實際上等於是處於「放棄」的狀態，這正是中國想要的狀況。而這對台灣來說，卻是戰後未曾有的危機。雖然台灣的難題和課題堆積如山，但我並不是那麼悲觀。因為這正是鍛鍊台灣人靈魂的絕佳機會。

　　雖說如此，最令人擔心的是，就連台灣的文化人都失去看世界的眼光。台灣問題是人類最後，也是最大課題之一。若不躍上中國製造出來的舞台彼此較

勁，而只在乎台、中關係的話，就真的是無可救藥。

究竟台灣會變得怎麼樣？又該如何做？現在絕對必要的，即是從歷史的眼光來看待此事。

總統卸任後的李登輝

李登輝只擔任過民選總統一次任期，原因在於民主化的原則與理想。他本人也在自述傳記中言及此事，並希望在「引退後當山地的牧師」。

他從三十歲以後就開始追求神，以當牧師為目標。透過相信神，他改變了自己的人生觀與價值觀。

以學者或文學家身份走上政治這條路，並成為國家元首的例子並不少。日本和美國的大多數國家元首，在政權交替或任期結束後，都會引退。然而李登輝引退後，卻無法完成當一位牧師的心願。這就是做為台灣人的宿命。何況像他這樣有使命感的人，就更不用說了。

台灣的輿論一般都以權力或金錢這種世俗的觀點來看待李登輝，而持有這種想法的人，並無法看到人類的精神世界。

李登輝夢想之一的台灣民主化已上軌道。然而所謂民主是一種文化，也可說是一種生活樣式。要等到

它完全生根發展，還有一段很長的路要走。

自稱是「台灣之子」的陳水扁前總統，並沒有身懷像人民期待那樣的使命感。因此在2004年的「二二八手牽手活動」，李登輝才會率先起頭參與，在那之後的活動也不得不站在最前線。

2009年末，我和來自台灣的週刊雜誌主編一同訪談漫畫家小林善紀時，也出現了李登輝和陳水扁的話題。我當場被反問：「我在會見兩位總統之前，讀遍了手中的資料。李登輝比書上描述的有學問多了，大概是無法在書本上寫完的緣故。但陳水扁剛好相反，並不是那麼有學問，和書上寫的不一樣。這是為什麼？」

我馬上回答：「那不就是日本與中國教育之間的差異嗎？」

陳水扁在台灣大學以第一名畢業，但那只不過是中國式的教育。換言之，只是教科書的背誦而已。這和在高等學校、帝國大學學習日本式的最高教養，從青年時代就不斷以思索過日的李登輝相較之下，在做為人類的深度上，當然會有不同之處。

另外，李登輝從學生時代開始就很會作畫。引退後，夫人還幫他買了一套畫具，然而他卻沒有時間作畫。他之所以不當畫家、牧師或教育家而選擇從政，

或許是因為感受到神的啟示和做為台灣人的使命感。

今後台灣的荊棘之路肯定會持續下去。即使如此，李登輝還是會勇往直前。

「做為主人該如何行動」

「台灣」這個稱呼對世界、中國以及台灣而言，曾是一個禁忌。

我還是早稻田學生的時代，即使在稻門會，「台灣」兩個字也被禁止使用，歐美的大學也是同樣情況。即使在台灣，台語的聖經也會被沒收等，關於「台灣」的禁忌，持續了半個世紀以上。

司馬遼太郎在《台灣紀行》中，介紹了高唱台灣獨立的美籍數學家陳文成，被發現橫死在台灣大學校園內的事件。當時的警備總部宣佈其死因是「畏罪自殺」。那是1981年，也就是三十年前的事。

即使是現在，中國人最討厭的語言之一還是「台灣」。台灣正式的稱謂雖是「中華民國」，但卻有「中華民國在台灣」、「Chinese Taipei」……等幾十種稱呼。中國政府針對「台灣」這個稱謂，有諸多牽制。就像在日本禁止使用「支那」一詞一樣，只要一出現就會被撲滅。

　　美國的文化人類學者露絲潘乃德稱日本文化為
「恥的文化」，西洋文化為「罪的文化」，非常有
名。根據此說，有人提出中國文化是「名的文化」。
也就是說非常在乎稱謂。

　　從這種抗爭當中所產生的是「台灣正名運動」，
亦即將稱呼改為「台灣」的運動。甚至還有「母親的
名叫台灣」這種感傷的歌出現。

　　1999年7月，李登輝接受德國廣播電台的訪談
時，將台、中之間的關係定義為「特殊國與國的關
係」，此說法引起很大的爭議。中國駐美大使批判李
登輝是「歷史上的國賊」，將此言論視為「台灣獨立
的動向」的中國政府，在台灣海峽上製造了緊張情
勢。

　　擁有十三億人口的大國，為何要對未滿三千萬人
口的台灣動向那麼神經質呢？「天無二日，地無二
王」這種中華思想就是其基礎。然而這不也顯示中國
沒有自信和魅力這一事實嗎？

　　李登輝政權以後，台灣不僅展示其民主化與經濟
成長，也顯示出日漸重要的存在感。另一方面，中國
自稱是世界可數的軍事大國、經濟發展國，同時在國
內卻有層出不窮的矛盾出現，人民的外流也不曾中
斷。疲於奔命的中國對李登輝的每一個發言，卻又是

如此的神經質，其理由也不是不能理解。

不僅是台、中關係，「特殊國與國的關係」總是非常複雜。戰後德國分成德意志民主共和國（東德）和德意志聯邦共和國（西德）。不僅是世界，就連當時的德國人也承認「兩個德國」。然而在東歐民主化的浪潮中，東德逐漸無法維持社會主義體制，經過柏林圍牆的倒塌後進入統一的階段。

和日本有很深關係的朝鮮半島，亦分成北朝鮮和韓國，彼此稱對方為冒牌貨。然而兩國卻沒有像台灣那樣的外來壓力，南北的利害關係和情感問題若解決，很快就能統一。

台灣與中國的關係極為不安定，也非常不自然，美國卻要求台、中關係要「維持現況」，也就是保持現在的平衡狀態。對中國總是採取軟弱姿態的日本，也只能做出妨礙李登輝訪日等令人扼腕的行為。中國在台灣海峽進行軍事演習之際，日本只會向中國要求「自制」而已，根本沒有意願發起明確的抗議行動。像這種政治狀況、外交態勢、戰後的歷史觀等存在，只會將台灣問題複雜化。

台灣問題非常多元複雜。不僅是名稱問題，就連政治、外交、經濟、社會、文化等，都有很多難題。該如何克服這些問題，對臺灣任何人而言都是一個非

常大的課題。

　　政治、經濟、文明的核心，也就是文化亦是歷史的產物。若缺乏文明史視野的話，台灣問題的超克是不可能的。

　　過去曾有一位民進黨的運動家主張：「既不需要民眾運動，也不需要人權運動。只要取得政權的話，所有問題都能解決」，因此拒絕選舉以外的所有活動。然而民進黨政權即使經過八年，情勢只不過回到中華民國體制的保守派，根本沒有解決什麼問題。就這樣在2008年，連唯一可以依靠的政權，也被國民黨的馬英九給奪回了。

　　就如同日本過去曾因國體問題而有許多論戰，台灣的反體制運動現今仍然在持續著。甚至有「別說是參與選舉，就連中華民國體制也應該拒絕」等非現實的主張亦不少。

　　李登輝亦從總統時代開始，一直主張台灣的獨立，他並不是獨裁者，因此並沒有以個人的獨斷，來決定台灣的獨立。在此唯一能說的是，是要獨立還是要統一，全都交給台灣人民來決定，絕不容許任何外來的壓力。

　　李登輝經常向年輕人說的主題之一就是「當家做主人」，意思是做你自己的主人。台灣的主人指的當

然是台灣人，戰後經過四十年的白色恐怖及集權統治，現在仍在台灣人的精神上留下不可磨滅的陰影。現在即使已達成自由與民主，但台灣人仍然沒有自信說自己就是國家的主人。

　　政治制度若只是在結構上改變，人心沒改變的話，根本沒有任何意義。李登輝賭上剩下的生命，將自身奉獻給台灣，在這裡不可或缺的是全台灣人的自覺和覺醒。

　　只有從數百年來的外來政權之壓力脫離出來，也就是脫離奴隸根性，台灣人才能真正成為自己國家的主人。為達到此目標，或許要經過幾個世代，但為了獲得真正的獨立，這是無論如何都得跨越的難關。

第五章

歷史觀

李登輝的歷史觀和國家觀

　　印度人重視的不是歷史，是宗教，而中國人從以前就有非常強烈的歷史意識。孔子編著的《春秋》、司馬遷的《史記》、劉知幾的《史通》、司馬光的《資治通鑑》等，皆是中華史觀的代表性典籍，其中特別是《資治通鑑》，充滿典型的中華思想。朱子學或陽明學亦給中華思想、中華史觀很大的影響。

　　近代雖然流行第三國際（共產國際）的革命史觀，但中國思想的根基還是離不開中華史觀。

　　李登輝的歷史觀，亦受到中華史觀的影響，但基本上對它是持否定的立場。由於到大學為止，他所接受的是戰前的日本教育，因此東京裁判史觀或第三國際史觀所給予的影響，都非常的有限。

　　李登輝的歷史觀，大多濃縮在1997年台灣中學一年級的社會科（歷史、地理、社會）的教科書當中。其歷史觀扎根在台灣本土上，並沒有停留在中華思想當中，此種歷史觀的改變，從台灣的戰後史來看，可說是很大的教育改革。

　　不斷在重複斷裂時代的台灣，因世代不同，呈現出不同的歷史觀與自我認同。台灣人的祖先是如何從

中國渡海來台灣？日本殖民地時代的近代化政策又是什麼樣的內容？像這一類的歷史教育，在國民黨政府時代幾乎都沒有被實施。

台灣的歷史教育欠缺「對鄉土之理解」的基礎，就如同無根的浮萍一般，這正說明台灣人的自我認同非常的薄弱。

台灣實施重視歷史的教育，雖已超過半世紀以上，但關於歷史觀的對立卻從不曾中斷，這種情況和日本、中國、韓國都一樣。愛國心與歷史觀的問題所在，雖和日本相同，但教科書的偏頗，卻比日本還要激烈。

自由主義和全體主義的歷史觀完全不同，再加上文化、宗教、民族的不同以及利害關係，歷史當然也會有所改變。面對獨善型的「正確歷史認知」之強迫灌輸，我們是否能得到自由亦是問題所在，或許這是人類共通的課題。

面對關於想當什麼樣的人，想創造出什麼樣的國家，這一類普遍性問題時，我們必須得先從腳下的問題開始思考起。

人類開始有國家觀，也不是很古老的事。雖然從古代以來就有都市國家、封建國家、世界帝國等的存在，但這些都和近現代的國家不同。

在明治以前的日本，所謂「國」是指藩，更進一步來說，其實是指村落。國家意識、日本人意識明顯變強，是拜甲午戰爭（1894～1895年）和日俄戰爭（1904～1905年）之賜。在國際間的評價，「日本人的愛國心是世界第一」，這也是日本能和列強平起平坐的其中一個原因。

在甲午和日俄戰爭之後，日本的國民意識高漲，另一方面中國人卻恰好相反。中國即使擁有悠久的歷史和天下意識，卻沒有國民、國家的意識與自覺。近代指標性文人梁啟超亦指出了這一點。

中華帝國是指天下而不是國家，因此沒有像英法這樣的國名。在決定國名時，維新派與革命派之間有過論戰，大夏、華夏等稱號亦曾被提起。

其中章炳麟提案的「中華民國」，則在辛亥革命後成為主流，臨時政府成立時，便以「中華民國」為國名。和章炳麟一樣同屬革命同盟會的徐錫麟、秋瑾，在安徽起義時，所揭示的卻是「新中華帝國」這個稱謂。

中國人開始有國民意識，是在20世紀中葉。然而從大清帝國、中華民國到中華人民共和國的誕生之後，和「世界革命、人類解放」並齊的「國家滅亡」這種世界主義成為主流，國家的否定被視為是理想。

　　在社會主義意識型態已經衰退的現在，把「民族主義、愛國主義、中華振興」視為國家基本立場，實是一種國民意識未成熟的表現。因國家、民族、個人之不同，國民意識亦有強弱的區分。國民意識亦會因國家觀和自我認同，而呈現出強弱的情況。

　　李登輝的國家觀，在其十二年總統任期中的發言和政策中表露無遺。其中最具代表的是中國和台灣的「國與國的關係」，以及對「法理獨立」的國際法之摸索。

　　另外，李登輝亦曾說過「我不是政治家」。那是因為中國的「政治」意味著「管理人民」，而台灣被要求的卻不是管理或支配。1996年總統任職之際，他表明了「為民眾服務」、「主權在民」。不沉淪在權力或政爭之中，反而為國民而行使職務的人，對李登輝而言才是政治家。

國家的命運會因和誰相遇而有所不同

　　近代化是大航海時代以來在世界史上的大潮流。在西方則是開端於文藝復興、宗教革命、工業革命、市民革命等社會、思想的變化。近代化浪潮以西方為起點，逐漸擴大到非西方的文明圈，日本的開國維新

便是其一。

提倡王政復古，也就是回歸到天皇親政的明治維新，在文明開化當中，積極汲取西洋文明。

當時的政府強力實施學校制度、徵兵制度、租稅制度這三種制度改革。其中在學校教育方面，將以前的寺子屋（私塾）轉用為小學校，全國二萬六千個小學校因此誕生。武士的子女亦和城市居民、農民的子女一起學習。此做法帶來封建身份制度的瓦解。

福澤諭吉在《勸學》一書當中，針對學問比身份重要，做如下的宣言。「天不在人之上造人，亦不在人之下造人」、「人一出生並沒富貴貧賤的區別。唯有勤於求學問能知事物者，才能成為貴人或富人，無學者則成為貧人或下人。」更進一步主張「最應該追求的是接近人們日常生活的實學」，因此重視讀寫與算盤，而不是和歌、古文等。

日本在短時間之內完成近代化，經過甲午、日俄戰爭的淬鍊，而躍升為列強諸國之一，這可說是人類史上的一大事件。日本藉由登上世界史的舞台，在遠離西洋的遠東地區成為知識、智慧與資訊的發源地，並在百餘年間發揮很大的歷史性角色。

簡單來說，日本的「文明開化、殖產興業」的浪潮，波及到周邊的非西洋文明圈，並促進其近代化。

此浪潮至今仍在擴張當中，任誰都不能不受其洗禮。
當我們要審視台灣的近代，亦必須考慮到此浪潮的影響。

台灣登上世界史舞台時，印尼等南洋和印度洋、蝦夷（現在的北海道）、美洲大陸等還是未開發地。
19世紀末改變台灣命運的則是日本。

和個人的情況一樣，民族和國家的命運，會因和誰相遇而有所不同。台灣大約在一百年前被編入在日本文明圈，而中國的海南島則在二千年前就被編入在中華文明圈。面積幾乎相同的兩個島，因境遇的不同而有不同的命運，非常耐人尋味。

東西德和南北韓亦因不同的境遇，而有不同的命運。那可以說是「大環境」的關係，亦是歷史與自然的法則。

要以民意為基礎的近代國民國家觀，還是要以天意（人治）為基礎的天下國家、國體或政體的形態，會因前後者而有所改變，是理所當然的事。

若追尋近現代的時間軸，我們可以找到資本主義化、民主化、產業化、國民化、合理主義化、個人主義化等過程。我們並無法脫離歷史的洪流。

很多中國知識份子（包括馬英九）認為，台灣近代化的始祖是清代第一位巡撫劉銘傳（甚至有「沒有

劉銘傳，台灣就沒有自來水」等說法），但這與史實有出入。劉雖然也致力於土地改革以及鐵路、電信等的開發，但幾乎都以失敗收場。

李登輝認為其失敗的原因是，開發初期的條件並不完備，開發資金無法順利動員，以及沒有明確的開發目的等。

近代社會最需要的就是安定，而當時的台灣卻是一個土匪社會。劉銘傳為了籌措資金，實施苛稅政策，因此招來施九緞的動亂。

清朝末期，由於派閥鬥爭逐漸白熱化，劉銘傳因此也樹立許多政敵。他在抵擋不了政爭的情況下被迫去職，其政策全都被後繼者否定。其近代化政策，與其說是半途而廢，倒不如說是倒退。

李登輝雖然也評價劉銘傳是近代化的先驅，但卻稱讚當時總督府民政長官後藤新平是「台灣近代化之父」，實在非常具有眼光。

近代化不可或缺的是資本、技術、人才，而持續性亦是不可欠缺的一環。當然在資本和技術上亦有倚靠其他先進國的方式，但近代化可說是百年大計。在大清帝國時代以「中體西用（中華文明的傳統＋西洋的科學技術）」為目標的洋務運動，也就是康有為和梁啟超推動的政治改革「戊戌變法」運動，因操之過

急，最後也不得不宣告失敗。

後藤的成功，完全在於安定社會、法治社會的確立、近代教育所帶來的人民滿意度之提昇，以及其持續性的獲得。當然這也和大日本帝國的文明開化、殖產興業非常有關。

反觀中國真正的近代化，是在改革開放之後的事。相對於處在邊境的台灣，若沒有遇到日本的話，不知會有何種命運？

以後藤新平為師

即使做為一個政治家和做為一個人，並沒有人像李登輝一樣訪問日本那麼困難。很多日本人都非常熱切希望李登輝來日本。然而背後總是有來自中國政府的壓力。日本政府甘於屈服其壓力，一定會成為歷史上的大污點。

李登輝和中國國家領導人在日本的待遇很不同，後者在日本總是受到群眾的抗議與反對。

我感覺到日本很多政治家都以李登輝為師。這和政治權力無關，而是來自李登輝的個人魅力。很多日本人看世界的洞察力都很銳利。

李登輝因「寧靜的革命」，也就是因不流血完成

台灣民主化而出名，關於其對農業經濟的貢獻，卻不為人知。

農業、農村、農民的「三農問題」是中國一直在面對的問題，然而不但沒有得到解決，反而日趨嚴重，甚至陷入「九重苦」的狀態。這幾乎成為生態學上的問題，因此在解決上是不可能的。

台灣的農業問題在本質上與中國不同，但在國民黨體制下幾乎重蹈覆轍。將其圓滿解決的是李登輝的農業經濟政策。其功績受到蔣經國肯定，並受到提拔。

後來當上總統的李登輝，開始著手在台灣的經營與改革。其學習對象即是後藤新平。

於1857年誕生的後藤，從醫學院畢業後，開始以醫師身份活躍於世。其成績受到肯定，1898年被提拔當內務省衛生局長，之後以民政長官身份赴任台灣，八年之間致力於台灣的開發。

當時的台灣是土匪和瘟疫蔓延的未開發地，無論文化或社會都處在離近代非常遙遠的狀態。李登輝針對這些現實狀況，將後藤的實施政策整理成以下八點：

第一　透過人事改革與人材雇用來整合工作環

　　境。

第二　土匪的撲滅。

第三　保甲制度的採用。十戶為「甲」，十甲為
　　　「保」，保甲各置其長。

第四　瘟疫流行的杜絕。

第五　教育的普及。

第六　台灣公共事業公債的發行。

第七　三大專賣法的制定。

第八　產業的獎勵。

　　另外進行國勢調查及動植物研究，並廢除辮髮與
纏腳等習俗，後藤對台灣近代化的功績不計其數。看
其成果，讓人無法想像其任期僅僅只有八年多，台灣
能有今日成果，後藤的努力可說是功不可沒。李登輝
特別注意到是他的胸襟。

　　當後藤還是愛知縣立醫院院長的1882年，發生了
板垣退助的襲擊事件。此時板垣高喊「板垣雖死，自
由不死」，非常有名，後藤就是從名古屋趕到岐阜來
幫板垣看傷的人。當時是明治15年，這是一個還殘留
著明治維新氛圍的不安穩時期。若沒有相當程度上的
覺悟，是不可能趕去看診的。

　　李登輝將政治家分成追求權力的人和做事的人。

人只要一受到權力的控制，就會開始墮落，後藤則是為了做事才開始掌握權力。這和只會沉淪在內部派閥鬥爭的當今政治家完全不同。

另外，李登輝改革背後的思想和信念並不是理論，而是來自西田哲學的「純粹經驗」。而將後藤新平視為「偉大精神的導師」，亦是來自學習前人「純粹經驗」的正直。

李登輝在2007年得到第一回後藤新平獎時，以「後藤新平與我」為題，做了一場演講。內容當中介紹了後藤的「自治三訣（不受人照顧、要照顧人、不求回報）」這句話，還說道：「那不是一種能夠言喻的普通理論，而是一種形而上學式的信仰」、「聯繫後藤新平和我的基本精神的，是強烈的信仰。」

雖說是信仰，但這並不是意味著後藤新平是佛教或基督教的信徒。那可說是對天皇和國家的信仰，若沒有超越野心和理論的深層信念，是無法達成真正的偉業的。李登輝認為這是一種「信仰」。

以「船中八策」為基礎的李登輝啟示

比後藤新平早二十一年出生，奔馳在幕府末期之日本的人物是坂本龍馬。龍馬是土佐藩士，為了倒幕

及明治維新而東奔西走，非常活躍，但卻在三十幾歲就結束一生，對此感到憧憬並抱有同感的日本人亦不少。

他其中一個偉業即是有名的「船中八策」。

「船中八策」是龍馬被暗殺的半年前，在海上以口述所寫下的記錄，內容以近代國家日本的基本構想為主，聽說這成為明治政府的基本方針「五條御誓文」的基礎。

2009年，李登輝在東京青年會議所主辦的演講會上，以「我想藉龍馬的『船中八策』傳達給年輕人的話」為題進行演講。李登輝稱讚「船中八策」是「他所留下最重要的政治功績」，並將其理論置換成現代課題介紹給所有聽眾。

第一議　將天下的政權奉還給朝廷，宜由朝廷發
　　　　出政令。
　　→將主權所在從官僚轉移到人民。透過總
　　　理大臣的直接選舉，來選出具民意的領
　　　導人。
第二議　設置上下議會及議員，讓其日理萬機，
　　　　所有事都必須適當地交由公議來解決。
　　→脫離官僚統治的現狀。有必要構築一個

　　　　　從中央集權到地方分權的新「國家型
　　　　　態」。

第三議　應將有才能的公卿、諸侯及天下英才請
　　　　作顧問，並賜予官爵，適當地免除一些
　　　　有名無實的官職。

　　　→透過教育改革來提高精神性與美感意識
　　　　等日本人的特質，並培養人材。爲達到
　　　　此目標，必須脫離戰後的美國式教育，
　　　　回歸日本原來的教育。

第四議　和外國的交往應廣泛採用公議，並訂定
　　　　新的適用規章。

　　　→若是抱持自虐、卑微的精神，絕不可能
　　　　會有健全的外交。不應走向自虐史觀，
　　　　應以獨立自主的氣力和主體性，展開積
　　　　極的外交。

第五議　應折衷自古以來的律令，重新選定完善
　　　　的大典。

　　　→爲了重新審視倚靠美國安全保障的現
　　　　況，必須修訂憲法。在現今國際局勢激
　　　　烈變化的情況下，一直維持六十年以上
　　　　完全不變的憲法，是極爲異常的做法。

第六議　應適當地擴張海軍。

　　　→現今的美日同盟太過於單方面性。必須
　　　　以美日關係的重要性為前提，構築對等
　　　　的夥伴關係。
　第七議　應設置親兵衛守衛帝都。
　　　→應重新構築並強化對日本防衛非常重要
　　　　的日台關係。台灣若更加親近中國，對
　　　　日本而言絕不會是令人想要的狀況。
　第八議　金銀貨物宜與外國訂定平準之法則。
　　　→為了脫離現在的不景氣，必須提出大膽
　　　　的金融政策與財政支援。應將日本不流
　　　　動的金融資產轉換成投資資金，讓其流
　　　　入到市場。

　　從以上的內容可得知，幕末志士們並非只是血氣
方剛的恐怖份子，他們試圖以很高的志向與國際視
野，來創造新的國家。對在沒有流血的情況下完成
台灣民主化的李登輝而言，龍馬的志向也不是沒有關
係，他說道：「對住在和日本一樣四面環海的台灣的
我而言，『船中八策』非常具有啟發性。」
　　「船中八策」涉及政治、經濟、軍事、外交、教
育等，具有範圍廣大的劃時代內容，李登輝的「八
策」亦尖銳地指出現代日本的問題點。

　　由於龍馬這些年輕志士的活躍，日本才能完成近代化，並在數十年間和列強並駕齊驅。在二次大戰戰敗後，因國民的努力，日本不僅變成世界屈指可數的經濟大國，還變成受世界信賴的民主和平國家。

　　然而現在的日本因泡沫經濟的衝擊及其後的不景氣、自虐的歷史觀、念佛和平主義，完全喪失自信，淪落為二流國家。

　　自明治維新以來已經過了一百四十多年，不僅是日本，就連國際狀況也在產生激烈變化。然而問題的本質以及政治家應有的抱負是不會變的。李登輝說道，正因為是看不到未來的現代，才需要一次「平成維新」。

　　李登輝會這樣說，是因為他想為日本年輕人和因中國干涉而搖擺不定的台灣年輕人加油打氣。李登輝在其講演最後如此說道：「希望日本年輕人能抱有崇高理想，並積極和台灣年輕人同心協力創造未來。」

《「武士道」解題》究竟訴說了什麼

　　《武士道》的作者新渡戶稻造和後藤新平是同時代人，是李登輝前兩個世代的人。然而新渡戶和李登輝之間，在思想和精神上有很多共通之處。

　　首先兩者都是基督徒和農業專家，兩者都接受日本和西洋教育，並具有世界的視野。兩者和戰後的日本人不同，關於日本的傳統文化，主張「傳統與進步」的調和與揚棄（在否定兩者的同時，讓其在更高的層次上存續）。兩者在以上諸點上非常類似。

　　李登輝和新渡戶稻造的相遇非常的早。高校時代曾讀過卡萊爾《衣裳哲學》的李登輝，為了想更瞭解其內容，找遍了整個圖書館的書。結果找到了新渡戶的講義錄，聽說這便是兩人相遇的始端。新渡戶主修農業經濟學，亦對台灣農業改良有所貢獻。

　　《「武士道」解題》出版之前，我和李登輝見過面。那時我曾說：「有日本民俗學者指出『武士道』也曾出現在台灣原住民身上。那是亞洲共通的精神。」

　　拓殖大學日本文化研究所的井尻千男如此稱讚道：「新渡戶之後已經過一百年，然而能以武士道的解釋超越新渡戶的，只有李登輝一人。」

　　《武士道》問世後，多數相關的書籍也緊接著出版，這些研究都非常細緻。其中又以李登輝的《「武士道」解題》最為出色，此書不僅有日本版還有台灣版，和我同年紀的台灣人很多都直接讀日文版。

　　亦有很多不會日語的台灣人問：「這裡的日語意

思，是這樣理解的嗎？」讀這本書和讀其他書不同，讀《武士道》必須要有誠摯的心。

李登輝從舊制高等學校時代開始，就非常熟悉《武士道》。我們可以想像的是，對學過劍道的他而言，武士道的精神和儀禮具有特殊的意義。

然而現在何以要提「武士道」呢？就是因為是現代，才需要有指引社會每個人的「生活方式與心得」。李登輝當時寫這本書的動機，是為了日本及其國民的未來，希望他們能重新重視精神的價值觀。他認為崇尚高度的精神性和美的心，才是日本人的精神特質，而此正是日本文化本身。

文化是藉由「傳統」與「進步」而形成的東西。現代日本一直被「進步」所束縛，只強調物質層面的追求。為了喚起精神層面上的高度，必須要有「傳統」，而代表日本人「傳統」的，正是武士道。

有史以來，日本一直從海陸兩面接受外來文化與文明的傳入，卻一次也沒有被其吞沒，反而在這當中構築自身獨特的傳統，並展現出令人驚訝的成果。李登輝認為天生就擁有這種稟賦的日本人，不應該那麼簡單就拋棄帶有武士道精神和大和魂的貴重遺產。

他所謂的武士道精神，具體是指秩序、名譽、勇

氣、潔身自愛、惻隱之情（同情心）、實踐躬行（親
身實行）等。奉公精神是不可欠缺的。這些都深深地
滲透在生活之中，成為日本人的行動基準以及生活哲
學。

江戶時代的武士道，一般被視為和仁義禮智信這
些儒教的德性項目相同。李登輝也說過，當然不能否
認武士道受儒教的影響，但兩者絕不是同一個東西。

學者胡適曾指出，儒教雖是善惡基準的道德，卻
沒有明確的生死觀。因此個人的生活意義與道德之間
產生了差異，儒教的道德標準無法真正成為生活的指
標。結果，其口號就如同宗教一樣，開始產生排他
性，變成一種「名教」。[6]

---

6 「名教」一辭，最早出現在中國魏晉南北朝。當時的思想界
於是有一個核心的論題：「名教和自然究竟是對立的？還是
終究可以合而為一？」因此纔有所謂「違名教而任自然」的
放誕自由的風氣，而出現如「竹林七賢」這些奇人逸士。由
此看來，「名教」原本意指是那些具體而有結構性的制式文
化的產物，諸如儒家所提倡的仁義道德、傳統政治權力所營
造出來的思想觀念，以及政治現實的諸多依附之物──包括
科舉考試所連結的名位與科層制度，以及社會階級化所演生
的價值觀念，如升官發財、男尊女卑等世俗化的意識形態；
至於宋代以後出現的「以理殺人」的怪現象，則是「名教」
思想變本加厲所致，而儒教自身的思想異化、空洞化甚至於
腐化的情況便越來越嚴重。

中國出身的記者石平曾說過：「剛來日本時，可以很明顯感受到儒教深入在平常生活當中。」源自中國的儒教只停留在空泛的口號當中，然而在日本人身上卻能看到仁義禮智信的發揮。武士道並不像孔子的《論語》那樣是既成的文化，而是不言不文的道德體系，甚至是日本人的生活樣態本身。

不僅是武士道，在日本茶道、花道等這些行為，都變成了「道」。[7]芭蕉的《奧之細道》亦相同，以俳句形態所表現出來的「道」，和自然界是處於共生的狀態。這是世界罕見的例子。

日本文化優秀的一面，就在於其高度的精神性上。每個人都能以從此處產生的強烈意志和抑制力，

---

7 一般而言，在日本人對中國文化所進行的吸收轉化的過程，確實有一個精神的主軸 —— 它一言以蔽之，就是「道」。本來，「道」的意思並不是一開始就有形而上學的意味，「道」指的就是「路」，後來纔慢慢被用來指人生的目的、理想、方向、原則與策略，而「道」也就當然具有高度的實踐意趣與生活意蘊，而這自是日本文化裡所以會出現多元而具象的「道」的緣由所在。當然，日本人更賦予「道」豐富的生活美學的意涵，不用說「茶道」、「花道」或體現運動之美的「柔道」，連一些人嗜好的遊戲 ——「柏青哥」都可以加上一個「道」字；然而，在原本是最早提出「道」字的中華文化圈裡，卻少有如此的「道思維」以及由此推演而來的生命功夫與生活鍛鍊。

來盡己心力為公奉獻。日本人在生活中崇尚美的私人
層面內，亦有該精神的潛伏。

日本人的美德還沒有喪失

從小學、舊制高中到京都帝大，李登輝接受了完
整的日本式教育。學生出征後又重新入學到台灣大學
（前台北帝大），當時的教授都還是日本人。他到
二十二歲為止，都還帶有日本人的意識型態。

他雖和同時代的日本知識份子擁有共同的感情、
時代意識與價值觀，但做為台灣出身的國家、民族自
我認同卻不相同。

日本人若要知道自國文化、文明的話，台灣這個
從外面來看的視點非常重要。李登輝是一個能用自己
的腳行走《奧之細道》的日本通，2007年6月在國際
教養大學特別講座中，以「日本的教育與台灣──我
所走過的路」為題進行演講。

另外，在2008年9月訪問沖繩時，以「勸學與日
本文化的特徵」為題進行演講。此演講以時間為縱
軸，東西文化融合為橫軸，構築了一個空間式的日本
文化、文明論。

李登輝高度評價日本接受西洋文化，鞏固做為近

代國民國家之基礎的「文明開化」的結果。他還說道，透過武士、商人、農民之子公平競爭的能力主義，瓦解了封建的身份制度，現在日本的發展，可說是領導人與國民努力得來的結果。

李登輝稱讚日本不被大陸或西洋所帶來的影響力所吞沒，堅守傳統創造出自身獨特的稀有能力與精神，這成為日本人的貴重遺產。他並不贊成「日本年輕人一直在自甘墮落」這種聲音。日本式的服務在世界上是最高級的，因為日本人的美德，也就是纖細與認真，都還保留著。

靖國神社也是一個值得驕傲的傳統之一。1943年，台灣實施志願兵制度，聽說競爭率是數百倍，很難擠進去。台灣人戰死、行蹤不明者，共有五萬三千三百九十三人，其中有二萬七千八百六十四位被供奉在靖國神社。大李登輝二歲的兄長，亦是其中一人。李登欽（岩里武則）是第一期海軍特別志願兵，1945年2月戰死於菲律賓。

2007年的記者會上，李登輝如此回答：

「我當了台灣總統共十二年，每年春秋兩季都會去忠烈祠參拜，希望那些人的靈魂能夠得到安息。老實說這些人實在都是一些和台灣無關的人。都不是為

台灣流血的人們。然而我們作爲人，應該本著廣泛人類愛的想法，來慰勞這些靈魂。」

李登輝認爲靖國問題，不應從政治，而應從「人」的問題出發，他如此說道：「我兄長已過世六十幾年，家中既沒有牌位，也沒有墳墓，什麼都沒有。而靖國神社能將兄長安置在那裡，並讓其靈魂平靜下來，我非常的感謝。」

電視台記者用傲慢的態度批評靖國神社參拜時，李登輝笑著回應道：「如果那是你兄長的話，你會怎麼做？」對方聽完後，面紅耳赤，不發一語。

直到2004年，李登輝的訪日終於實現，在此之前遇到很多阻礙，無法實現。即使卸下總統職務後，亦因「他不是一般老百姓，其政治的影響力還很大」的理由，受到百般的阻撓。

話說回來，統治十三億人口的中國政府，爲何會如此害怕擁有二千三百萬人的台灣的退休政治家呢？那是因爲李登輝的人氣和影響力非常大的緣故。然而，影響力大的人卻沒有旅行和信教的自由，這簡直是離譜。

屈服於這種暴力的日本態度也真是沒用。只要是主權國家，像這種極端無理的要求，應該斷然拒絕，

並提出嚴重的抗議。「只要威脅就讓步」這種前例不斷出現的話，這對日本而言絕不會是好結果。

1997年京都大學舉辦創校百週年慶典，有人希望校友李登輝出席，然而大學方面卻因「沒有畢業」為由，拒絕他來參加。即使是2004年的訪日，當時的外交部長河野洋平，堅決反對讓李登輝入境日本。

李登輝無法順利畢業，是因為被動員當學生兵，只不過是為了盡做為日本人的義務而已。然而卻被說沒有畢業生資格，讓人覺得非常不可思議。難道說這就是最高學府國立大學的態度嗎？

想弔慰戰死的兄長，想沉浸在母校的回憶，這些都是做為人的一種自然情感，根本和政治一點關係都沒有。日本不可以因為「對過去的謝罪與反省」，而踐踏一個人的心。

當台灣變成正常國家，我的任務才算結束

關於李登輝對台灣的想法，在其著作《台灣的主張》中，已講得非常詳細，十二年的總統時代的言行，都可以從中找到。

繼蔣經國總統之後，李登輝是史上第一位民選總統，以總統兼國民黨黨主席的身份在台灣進行各種政

治活動，這些活動和以前的國民黨政策、台灣觀非常不同，最明顯的例子，可列舉如下：

一、和司馬遼太郎的對談中以「生為台灣人的悲哀」為主題，這已在本書中提過。以「善政」「德政」為表面原則，即使有悲傷的心情也不能公開表示，是中國政界的常識，李登輝因打破此禁忌，而招致海內外的批判。

二、身為黨首，卻直呼國民黨是「外來政權」，可以說是最大的禁忌。即使是事實，原則上應該區分表面話與內心話，然而李登輝卻打破此原則。

三、中國的民主自20世紀初以來一直在擴展，然而卻產生民主化運動越是被推動，獨裁專制越是被強化這種相反的現象。因為若不是由一個人來掌握黨、政、軍的話，國家社會都會變得非常不安定。台灣能脫離中華政界的法則，在不流血的情況下達成民主化，是因為以住民主體的思想為基礎的緣故。以民意為基礎的系統已得到確立，那是非常值得一提的一件大事。

四、李登輝主張「台灣已經獨立」，甚至宣告和中國的內戰已經終結，並修改了憲法。另一方面，亦公開宣稱台灣和中國是「國與國的關係」。李登輝到

現在還是不斷在努力摸索台灣的法理獨立性。而國家正常化運動也在持續當中。

　　五、2004年的二二八紀念日，李登輝在二百萬人的「手牽手活動」當中，站在最前線。即使在那之後的主權運動，他仍舊是「寶刀未老」。

　　台灣今後要走的道路還非常的險惡，不僅民主政治尚未成熟，就連外來壓力都日益增強。台灣主權在國際上尚未完全被認知。「中華民國」、「中華民國在台灣」、「台灣已是獨立國家」等解釋即使有分歧，中國還是堅持主張「台灣是中國絕對不可分割的一部分」。

　　在2008年訪問沖繩的歡迎招待會中，李登輝以「為了讓台灣變成正常國家」為題，做如下發言：

　　「我能夠明確地說的是，現在的台灣不是一個正常國家。如果台灣能變成一個正常國家的話，那時我的任務才算結束，也就是我離開所有事的時候。」

　　「我多次想要向年輕人說的是，建立學問、教養、愛國、愛人民是作為學生的我們非得學習不可的科目。人生、金錢和權力只不過是過眼雲煙，精神才是終吾人一生所應該奮鬥追求的東西。」

196

　　但知道李登輝的精神世界，並且真正理解的人，究竟又有幾人呢？

所謂「新中原文化」即是台灣獨自的文化

　　2009年4月，在台灣李登輝學校有一系列的講座，我們就從講座內容來重探李登輝的歷史觀。

　　以日本戰敗為界，台灣的統治者從認為「天下是國家的東西」的日本，變成認為「天下是黨的東西」的中華民國。中華民國宣稱這是解放台灣＝「光復」，但逐漸在走向近代化的台灣，實質上卻被近代化程度較低劣的外來政權所支配，台灣在這過程中，只不過是從異民族的奴隸變成同族的奴隸而已。

　　兩個完全異質的文明之衝突，始於1947年的二二八事件。這對台灣而言是苦難與試煉的歲月，外來政權的壓迫，促使台灣人的內發性自省，也造就了摸索「何謂台灣人」的契機。

　　李登輝認為這種狀況就是「在意識到自己被置身在二個生命的形態、二個世界、二個時代的界線的同時，將自己置放在超越論之遠近法的另一個座標上」。這與夏目漱石的「則天去私」不同，是「則私去天」，也就是自己追求自主性，台灣人應該當台灣

自己的主人。

所謂不被允許的獨特自我認同自身，恰好正是新時代台灣人自我認同的泉源。那麼擁有「五千年歷史之大國」這種堅不可摧的獨自性的中國人自我認同，又是如何呢？

中國並沒有像台灣所經歷過來的那種斷裂的歷史。從傳說的夏、殷、周開始，到中華民國、中華人民共和國為止，這些各式各樣的興亡史不斷在重複，然其本質，也就是大中華帝國體質或以對周邊的「夷狄（蠻族）」不斷進行侵略與領土擴大的本質，一直都沒有改變。

歷代王朝曾幾次嘗試政治改革，但全都失敗，中國不斷在重複著進步和退步。作家魯迅就指出「（中國人）不成為動亂的主謀」、「也不成為禍害的元凶」、「也不爭先抓住幸福」，這完全說中了中國人經常原地踏步，不會率先站在前頭，嘗試改革的特徵。

在香港和澳門實施「一國兩制」，將西藏設為「西藏自治區」，這些只不過是自古以來的中華帝國產物。

將中台關係視為「特殊國與國的關係」的李登輝，主張「脫古改新」。唯有如此才能脫離舊態依然

的中國之束縛，並創造出具有主體性民主國家的台
灣。

透過1996年的總統直選，台灣第一位民選總統誕
生，李登輝也藉此宣告外來政權時代的結束。李登輝
是本省人第一位民選總統，其推動教育改革、司法改
革、心靈改革等，已如本書所述。這些都是為了在台
灣建設台灣獨特的文化，李登輝稱之為「新中原文
化」。

就如同在日本有日本文化一樣，在台灣也應該有
台灣文化，這是理所當然的事。然而斷裂的時代一直
在持續著，對無法自由說台灣話的台灣人而言，自我
認同的確立才是當急之務。這是一直不斷在問「自己
是什麼」的李登輝的獨特眼光。

千島湖事件與「土匪國家」

在傳統學校教育裡所教的是，中國史是「五千年
悠久歷史」，這連小學生都能朗朗上口。但歷史不是
比長度，我們必須細細品嚐的是其內容。

中國社會不能算是誠實。因為《騙的文化》一出
來，做為學問，馬上就有「辨偽學（考證偽作的學
問）」成立。中國文化的核心即是一個「騙」字，康

德與孟德斯鳩便指出「騙」是一種中國學，日本國學家亦曾說過。

另一方面，在日本非常重視神代的「誠」、「清明心」，和吉田松陰的「至誠」所代表的誠實。日本人的「誠」與中國人的「詐」，形成了強烈的對比。

在日本與美國接受教育，醉心於武士道精神，而且是基督徒的李登輝觀察五千年的中國史、同樣是五千年的朝鮮史、二千六百年的日本史、二百年的美國史，知道做為歷史真實的「誠」，是多麼的重要。

1994年在中國杭州，台灣觀光客二十四名，再加上導遊、船員共三十二名，他們乘坐的觀光船被土匪襲擊，所有人無一倖免。這就是非常有名的「千島湖事件」。事發第二天，中國廣播電台第一次報導說「因火災，船上所有人員在船員休息室中被燒死」，既然是火災，但三十二人全都避難到一個密室，那是不可能的事。再加上拒絕死者家屬上船，裡面完全沒有觀光客的行李，火化後的遺體頭部有凹痕……等種種不自然之處非常多。

李登輝立即禁止台灣人赴中國觀光訪問。中國政府開始對此感到慌張，並辯解說「這是破壞中台友好交流關係的政治陰謀」，最後不得不承認這是人為事件。

　　事件發生十七天後，中國以強盜、殺人、放火的嫌疑逮捕了三個人。但即使是如此，事件還是沒有結束。因為據說真正的犯人，是和人民解放軍有關的人，被逮捕的三人，只不過是替身而已。

　　不管真相如何，能夠確定的是，中國是一個土匪橫行的無法國家。斥責中國政府是「土匪國家」的李登輝是正確的。

　　中國的土匪歷史非常古老。據說在春秋時代強調「盜亦有道」而有名的盜跖，曾率領數千名部下橫行天下。（《莊子》）

　　中華民國時代也有「只要有山必有土匪，只要有湖必有土匪」這種情況出現，因此又被稱為「土匪共和國」，其人數估計約二千萬人，是正規軍十倍以上的人數。即使到了今日，公安認定的車匪路霸（強盜）等土匪人數約一千萬人，黑道（幫派）約有四千三百萬人，這些都和共產黨政府有非常密切的關係。

　　所謂持續五千年的「易姓革命」，即是把武力正當化的強盜理論。毛澤東的「造反有理」，不外乎是「強盜有理」。李登輝在《台灣的主張》就曾說過，像這種文化和社會制度，才是使中國社會進步緩慢的原因。

關於李登輝大半人生的詳細記載，除了先前所舉的上坂冬子《虎口的總統　李登輝與曾文惠》之外，另有陳水扁時代的台灣國史館長東大文學博士張炎憲所編集的四卷全集。

李登輝於1968年在台灣大學執教，1971年進入國民黨，2000年經政權輪替後，辭去國民黨主席職位，李登輝在這段期間，也就是上坂所謂的「虎口」中，和中國人交往。

沒有人比他更清楚中國人的本質。李登輝的中國觀、中國人觀，對世界而言亦非常重要。在此可整理如下：

一、「日本人並不太了解中國。我到二十二歲為止是拿日本國籍的人，現在已八十六歲，因此有六十幾年的中國生活告訴我什麼是中國。若想要知道中國人的想法，就必須變成中國人和中國人說話。若用日本式或日本人的立場和中國人說話，是絕對行不通的。」（2007年6月，日本外國特派員協會）

要和中國人對話，就是變成中國人進入對方設定的範圍內才可能。和台灣之間亦是如此，「統一」以外的對話是不被允許的，就連「統一是議題之一」也

不被容許。不帶有自我中心意識，也就是中華意識的
日本人缺乏我執，替對方立場著想的心情，總是會先
表露出來。

　　二、「日本人亦和台灣人一樣，非得從中華思想
這種精神束縛中解放出來不可。東西文明的融合中最
重要的是，脫離中華思想的束縛。」（2008年9月，沖繩
訪問演講「台灣所面臨的內外危機」）

統合台灣的兩種國族意識

　　身為基督徒的李登輝，並沒有濃厚的民族主義色
彩。雖然和「一視同仁」並不相同，但因持有信仰上
的普遍價值觀，所以對蔣經國前總統和馬英九現任總
統的評價，不是「是否是中國人」，而是「究竟做了
什麼」。

　　在《台灣的主張》中，李登輝並沒有針對蔣介石
和蔣經國這兩個「人物」做否定的評價。即使在《虎
口的總統　李登輝與曾文惠》中，亦被作者描述為只
重視「事」而不是針對「人」，李登輝對人沒有任何
偏見。

　　他從青年時代就經常接觸日本文學，這在第一章

已說過。另一方面，他也讀了很多中國典籍，對其思想也很瞭解。總統在職期間，還聽了一年有關《易經》的課。

易有變易、簡易、不易三種時間的方程式，若從佛教來說，變易＝諸行無常，簡易＝諸法無我，不易＝涅槃寂靜。易是用來理解天、地、人的關聯和動向的東西。李登輝透過學習易，得到許多關於人和組織的關係、人的自我意識、國際社會上的活動等寶貴啟示。

不能否認的是，中國是擁有悠久歷史和優秀文化的國家。看春秋戰國時代的諸子百家等就可以知道，中國很早就有自由思想與民主主義的萌芽。然而，之後的封建時代太長，造成社會全體的僵硬化，傳統文化被曲解，這些都為進步與改革帶來了阻礙。關於這點，胡適、魯迅、郭沫若這些思想家，早在差不多一百年前，就一直不斷指出。

現在的台灣和中國之間的關係，是想切斷也無法切斷的關係，這是一個不爭的事實。近來有人指出，台灣有兩種國族意識，一是本土的，一是以中國文化為基礎的。

究竟哪個才是正確的，並不是問題所在。李登輝認為應該去除本省人、外省人、原住民這些區別，最

重要的是，所有的人都應以台灣人的自我認同意識，來經營「大台灣」。

　　將台灣打造成中國文化的「新中原（新中心地）」，這是他在總統就職演說中所說的。所謂新中原，是指文化開花結果的場所，若從政治層面來說，即是民主文化。

期待台灣文明未來的司馬遼太郎

　　司馬遼太郎和李登輝在對談當中說道：「應該向台灣期待人類文明的未來，而不是中國。」這不是歷史學家或文明論者，而是小說家獨特的歷史觀。

　　英國歷史學家湯恩比預言「20世紀後半到21世紀是中國人的世紀」，這番話讓中國人欣喜若狂。亦有不少西方的知識份子對中國寄予期待。英國哲學者伯特蘭‧羅素醉心於毛澤東和中國革命，並大大讚賞中國人，這種行徑遭到當時中國文豪魯迅的諷刺。美國哲學家杜威亦對中國有好感。

　　雖說如此，但也有不被東洋的神秘所迷惑的西方人。普魯士（現今德國）的康德和法國的孟德斯鳩，就看出中國人說謊的特質。這是對未知物的一種理性態度。

　　司馬遼太郎經常寫到中國,而從最根源的原理冷靜觀看歷史的眼光,才是司馬史觀的真本領。那裡潛藏著老莊思想的看法。他不像普通的史學者那樣只看文獻。司馬認為漢武帝時代是中華文明的最高峰。當他到明朝十三陵觀光時,對青年皇帝學習古代人熱中建造巨大陵墓,感到無奈和絕望。在這一點,司馬還是和歷史學家有不同之處。

　　寫小說必須要有構想力和體力。司馬年過七十後,開始從小說轉到旅行遊記。我也是從二十歲以後就開始寫東西,所以我很清楚,寫旅行遊記要有聯想力,而且要有超越歷史和地理,也就是超越時間、空間的想像力。

　　司馬以世界為舞台,寫了許多旅行遊記,其文化、文明觀非常多角度,其歷史的眼光既纖細又廣泛。

　　明治時代有位福島安正中佐（後為中將）,騎馬在西伯利亞走了一萬六千公里,這可說是具地球規模的敵營勘查。就是這種不屈不撓的體力和智力以及時代感覺,使得島國日本得以和列強並駕齊驅。司馬雖然不是明治人,但卻能以昭和人沒有的歷史眼光,來闡述當時的時代精神。

　　司馬並不是只埋首書桌,而是以自己的眼、耳、

足，以及佛教所謂五蘊（色受想行識）冷靜地觀看歷史。司馬以此為基礎，對台灣有所期待，這不就是從近現代日本的步伐中所得到的結論嗎？

開國維新後的日本，經過東西文明的融合，擠進列強之中，之後更成長為20世紀地球文明的主角。

文明大多是從中央流傳到邊境。西洋文明或從中近東、埃及，或從希臘、羅馬誕生，等成熟後，再流傳到歐洲大陸、新大陸，最後到達全世界的各個角落。

從中央到邊境，從北方到南方，歷史的主角不斷在改變的中國，亦是如此。日本的開國維新亦是從邊境的薩摩、長州開始，最後連接到近代化。

台灣是諸文明合流的地方，在苦難的歷史當中不斷在忍耐學習。因此之中潛藏著很多可能性。

李登輝和司馬是同世代的人，擁有共同的歷史感覺。雖然司馬史觀並不直接等於李登輝史觀，然而像「台灣將超越中國」、「早已超越了」這一類的話，並不是個人假設，而是一個歷史事實。

台灣只不過是一個小島，若從「量」的視點來看的話，和中國相比，簡直就像小人和巨人。然而在「質」的方面，則遠遠超過。人民的生活與文化水平、知性、智識能力、近代精神、社會的成熟度，這

些並沒有輸給巨人。

　　台灣象徵性人物李登輝，從世界各地得到很多好的評價，那是因為他挑戰中國的精神大受肯定的緣故。

李登輝不是亞洲的哲人而是世界的哲人

　　李登輝原本是農學者，其博士論文在美國受到很高的評價。其經濟學者的身份亦在世界廣為人知，做為「台灣民主化之父」的知名度，更不在話下。就連諾貝爾和平獎也被提名過四次。

　　他在台灣國內的人氣是眾所周知的。李登輝卸下總統職位的隔年，在台灣出版了《李登輝執政告白實錄》（鄒景雯），此書一個月內就達到了五十刷。這證明了台灣國民對他的關心，這是日本總理所無法想像的。

　　李登輝可說是空前絕後的人物，甚至有人評價，像他這樣的人物，在台灣不會再出現。持此看法的人士，民進黨前秘書長、立法委員，我認為最勤勞最有教養的黃爾璇，就是其中一位。和李登輝非常親近的台灣獨立建國聯盟主席黃昭堂亦持相同意見，但他卻和認為「台灣早已獨立」的李登輝有不同主張。

另外，記者、小說家出身的民進黨立法委員王世勛認為：「李登輝不是亞洲的哲人，而是世界的哲人。」

完成「寧靜革命」的李登輝，在今後歷史中將如何被評價？我想說說以我自身歷史觀和歷史哲學為基礎的意見。

台灣史研究的展開，大多以文獻為中心，文字以外的史料，也就是柳田國男所謂的金石（被刻在金屬器具和石頭上的文字和繪畫），並沒有受到關注。我個人並沒有文獻研究的傾向，但強烈認為應該要有科學的檢證，所以我在拓殖大學等講座中，一直主張「水文學、地文學、人文學」的重要性。

在台北高校比李登輝高一屆的王育德教授是一位語言學者，1960年代他在《台灣青年》揭載「匪寇列傳」。那時我經常和他討論這些人物的評價，還被斥責：「你的想法和門外漢一樣。應該要多讀點語言學和歷史。」

台灣史和歷史教育的主流，一直都是中華史觀。以殖民地史觀延長的「後殖民地論」亦不少。在清代台灣，舉旗叛亂的朱一貴和林爽文，亦曾被視為英雄。然而他們只不過是從中國來的季節勞動者，其所上演的只是「三年一小反，五年一大亂」的戲碼而

已。

相當於日本時代的1915年，出現了一位掀起反日運動（西來庵事件）的人物余清芳，他所高唱的佛教千年王國「大明慈悲國」，只是單純的迷信教團。如同中國的義和團和朝鮮的東學黨，也消失在20世紀。

第一次世界大戰、俄羅斯革命、美國威爾遜總統的「民族自決（各民族不被其他民族或國家干涉、以自身意志決定命運的集體權利）」宣言、朝鮮的三一獨立運動、中國的五四運動等，都發生在20世紀初葉，也就是在近代化的潮流之中。在當時，迷信教團究竟又有何種意義呢？

光是「抵抗」、「抗爭」是不會有任何生產性的。若要談近代台灣史的話，就必須以一種歷史性的創造為基準。即使要評價人物，也要有以時代精神為基礎的眼光，甚至是超歷史、多角度、複合式的視野。

若用我提倡的人文史觀來看的話，出現有完成複合式近代化政策的後藤新平、奠定國民教育和實學教育之基礎的伊澤修二，以及李登輝等人。這些人都離不開歷史性的創造。

李登輝所完成的偉業，不僅止於做為世界史一環的台灣而已。我們有必要將目光擴展到其「台灣經

驗」的世界史意義。關於李登輝時代,包括本人的著
作在內,已有很多書出版,我們不應只停留在其總統
時代的十二年,非得要拉長歷史的縱深不可。

　　就如本書所言,李登輝的精神世界亦可突顯出他
的另外一個面向。李登輝既不是像康德或西田那樣的
哲學家,亦不是宗教家。身為一個台灣人,他以自己
的哲學、思想與信仰心,震撼著台灣人以外的人們的
靈魂,引發共鳴。我們身為一個台灣人,應該以此為
傲。

後記

　　日本剛剛卸任的首相菅直人，是市民運動家出身的政客，在台灣來看，是個「媒體名嘴」之流者。可是經歷了日本三一一大地震和核電危機之後，他處理國事的能力備受批評，從一個能言善道的「媒體寵兒」，最後卻被國民發現原來是無能之輩。他在下台前於國會被質詢救災能力和缺失時，也回應在野黨議員：「李登輝也是我所尊敬的政治人物……處理災難時，以李登輝的處事能力為範本」等等話語來答辯。我正在編寫這本書時，這段新聞上的答辯話語，曾讓我的編輯負責人十分耽憂，他說：「被這樣口是心非的政客拿來當作典範，可能會讓李登輝失去名譽。」所以我在本書中將菅直人的這段話刪除，其中也有些許感慨。

　　台灣和中國的社會一樣，都是一個深度被世俗化的社會，我寫這本書，企圖從跳脫世俗、權力的角度來分析李登輝，然後拓展到所有層面，希望台灣人能夠像日本人一樣，多了解一點李登輝。相對於在這個

《哲人政治家李登輝之「我」》

「辛亥百年」的政治炒作熱潮中，台灣人熟知的孫文、蔣介石，我在日本也寫過他們的評傳，這些書幾乎毫無市場，因為日本這一代的讀者根本不知道孫、蔣是誰？但是一提到李登輝，則立刻會獲得高度的回應和肯定，我很訝異日本社會和台灣社會，對於李登輝的評價為何會如此不同？所以，我試著用此書，來為台灣人深入瞭解李登輝及其時代，打開一道一探究竟的門扉，李登輝之為李登輝，自有世俗評價方式所不能觸及的奧微精神內在，那就是李登輝之「我」，李登輝之「內心」。

2011年9月5日晚上，在東京舉辦了本書日文版的出版慶祝會，發起人之一的日本前首相安倍晉三說，他佩服李登輝的理由之一，是他從來沒有看過這個世界上有這麼博學的國家元首。對於安倍前首相的讚嘆，我深有同感。李登輝年近九十，從小以來手不釋卷，求知慾旺盛至今依舊，且有問必答，追尋探索真相的熱情讓我讚嘆，他這個人的知識，猶如一部完整的百科全書。

回憶在滿大人、海賊與「獵頭番」間的激盪歲月

Pioneering in Formosa

歷險福爾摩沙

台灣經典寶庫5

W. A. Pickering
（必麒麟）原著

陳逸君 譯述 ｜ 劉還月 導讀

19世紀最著名的「台灣通」
野蠻、危險又生氣勃勃的福爾摩沙

Recollections of Adventures among Mandarins, Wreckers, & Head-hunting Savages

前衛出版
AVANGUARD

◎本書英文原稿於1878年即已完成，卻一直被封存在密西根大學的博物館，直
到最近，才被密大教授和中研院院士李壬癸挖掘出來。本書是首度問世的漢譯
本，特請李壬癸院士親自校註，並搜羅近百張反映當時台灣狀況的珍貴相片及
版畫，具有相當高的可讀性。

◎1873年，Steere親身踏查台灣，走訪各地平埔族、福佬人、客家人及部分高山
族，以生動趣味的筆調，記述19世紀下半的台灣原貌，及史上西洋人在台灣的
探險紀事，為後世留下這部不朽的珍貴經典。

甘為霖牧師 原著

素描
福爾摩沙

Eslite
Recommends
誠品 選 書 | 2009.OCT
二〇〇九・十月

一位與馬偕齊名的宣教英雄，

一個卸下尊貴蘇格蘭人和「白領教士」身分的「紅毛番」，

一本近身接觸的台灣漢人社會和內山原民世界的真實紀事……

譯自《*Sketches From Formosa*》(1915)

原來古早台灣是這款形！
百餘幀台灣老照片
帶你貼近歷史、回味歷史、感覺歷史……

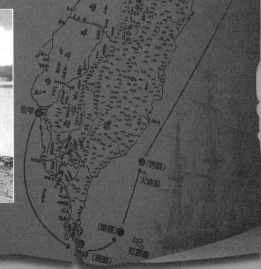

前衛出版
AVANGUARD

誠品書店
www.eslite.com

福爾摩沙
紀事
From Far Formosa
馬偕台灣回憶錄

19世紀台灣的
風土人情重現

百年前傳奇宣教英雄眼中的台灣

台灣經典寶庫
譯自1895年馬偕 著《From Far Formosa》

前衛出版
AVANGUARD

陳冠學前衛八書

《田園之秋》 大字插圖版

FC02／陳冠學著／何華仁 繪／400元／17×23公分／360頁

陳冠學千錘百鍊的自然文學經典
野鳥大師 何華仁 繪圖

得獎紀錄：
1983 《中國時報》「時報文學獎」散文推薦獎
1986 吳三連文藝獎（第九屆）散文獎
1999 文建會評選「台灣文學經典名著30」散文類
2003 鹽分地帶「台灣新文學貢獻獎」
2007 屏東縣各級中小學縣長獎指定贈品

● 一個入世作家的純自然生活
● 一位隱世哲人的天地人思索
● 一部發人深省悟覺的極本土佳構

　這是知識份子重返自然、「一家六口」融於自然的真情結晶，它以樸拙凝練的田園日記型式，描寫田庄四周自然景物，充分反映台灣這塊美麗大地所孕育的內藏之美。

　它同時也是一本台灣少見的博物誌，鉅細靡遺地記錄了台灣野生鳥類、野生植物、生態景觀等諸面貌的四季變化，筆鋒常帶有摯愛這塊土地的一股熱情，字裡行間更透露很多非凡人的人文思考和高層次的人文關照。

《高階標準台語字典》(上)

Y009／陳冠學著／1000元／19×26公分／920頁

一代臺語文真正大師
陳冠學嘔心瀝血、學問功夫底子盡獻、
費時十年獨力完成的臺語字書傳世鉅作！

● 標準台語家庭每戶應備！
● 各級政府辦公室、機關學校必備！
● 各級台語教師宜應先讀透本書！
● 有心深入台語奧妙境界者宜應人手一冊！

三大特點

※本字典所收臺語字詞，通透活跳，遠至上古時代，近至阿公阿媽時代，及目前民間社會所流傳的典雅臺語，都生鮮活潑地於本書重現，不禁會使讀者發出一聲「原來如此」的驚嘆或會心的微笑，足堪有興趣者從最頭一字讀到最後一字。
※本字典雙管齊下，兼收臺語文字讀音與語音，因讀臺語是一體的兩面，當融會貫通，靈活運用。
※本字典採羅馬音標。羅馬音拼音通行已一、二百年，已具標準注音符號之資格，理當遵用。

《覺醒：字翁婆心集》

BB16／陳冠學著／200元／10.5×15公分／256頁

「覺醒」，是陳冠學為讀者的人生路途所點上的一盞明燈。
「字翁婆心」，是抒發作者七十多年智慧心性的苦口肺腑言。

本書收錄短文116篇，每篇400字，為作者長期觀察台灣社會，沉思求索，奮力寫下的「人生啟蒙書」，字字珠璣，試圖喚醒這塊土地之人的良知與智慧。

作者筆觸深入淺出，遍及台灣社會各種議題，涵蓋男女問題、女性主義、友朋之道、民主人權、新新人類、文學與音樂、文明與原始、讀書與財富……近百個現代人生存所面臨的迷惑與困境。

陳冠學運筆如刀，一字一痕，既解剖當代社會之失，也提出解救之道。文字樸實，顯白易懂，讀後必有所啟發。

《夢與現實：陳冠學隨筆①》

AA17／陳冠學著／200元／10.5×15公分／200頁

本書記錄著一位台灣大散文家、大學問家——陳冠學，於十年寒窗專注編寫《高階標準台語字典》上冊後的「風燭殘年」所迸發而出的、最直率懇切的心內話，他感念理想之夢、現實之棘，寫下對優美人世的渴望、對自然生界無限的愛和悲憫之心；他也以他洞察人情機微、直透人心肺腑的筆力，斥破現世台灣社會到處充斥的似是而非之說；最重要者，他謙卑地想以通俗可感的文字寫下他自二十六歲以來所綿絡的形而上學思想體系的一小部分，從大自然界到動物界到人事界，洩露創世的奧祕，誠望讀者更進一步了解「老天」。他說：「大自然界最受人冷落的，大概就是天了。」但，它天天就在我們頭上。

《現實與夢：陳冠學隨筆②》

AA18／陳冠學著／160元／10.5×15公分／144頁

這本小書可能是陳冠學先生今生最後一本著作了！

老先生的思緒律動總是一直醒轉銳發的，抱著赤子之心，他總想向普世人提出正向建設的積極文字，所以又有這本不得不發的《陳冠學隨筆：現實與夢》。

本書談「美」與「靈」，兼駁哲學大師康德的「純粹理性批判」的自相矛盾與誤謬。他指出，這世間其實存在 萬端靈魂程式，遠超乎自然律規範，所以才有諸多神祕界的異能現象，如冥冥中的先驗，天眼通、他心通等神通、碟仙、魔神仔等魑魅魍魎……他說：靈魂不滅，諸神也不滅。這些似是深奧難解，其實「江湖一點訣」，他是發人之未省，先予點破了。

《臺語之古老與古典》

Y008／陳冠學著／350元／15×21公分／352頁

本書實證發見臺語的歷史性與典雅性
駁斥某些習用的聲韻學家的謬誤論點
台大吳守禮教授譽為「傲視學界、台語研究的權威巨著」
所有台語研究者實應先讀通本書再說（至少10、11、12章）

《第三者—陳冠學精小說》

BB14／陳冠學著／200元／10.5×15公分／200頁

收錄作者精壯年代所寫的十篇代表性小說

　　〈詩人〉是三十歲年代的作品，〈產婆〉是四十歲年代的作品，其餘皆五十歲年代的作品。其中，〈產婆〉、〈一枝斑駁的老筆〉故事感人肺腑，讀之令人泫然欲泣；〈詩人〉、〈天鵝〉、〈第三者〉、〈返照〉內含深遠寓意，可啟迪人心；〈賊仔三〉、〈末路〉書寫鄉野底層人物的末路；〈製餅師〉則為一篇文學對話錄。

　　陳冠學厭惡技巧主義，厭惡趕時行。他認為流行性文字充斥市場，讀者如讀多了這類作品，便無法再讀舊世代的作品，當然也就喪失對人類文學產業的分有權。本書既是這種傳承意識的力作，更是不屈服於時尚的清流。

《台灣四大革命：郭懷一／朱一貴／林爽文／戴潮春》

J168／陳冠學著／200元／15×21公分／196頁

冠學先生獨到台灣史壓箱作

　　在歷代官編或民間史家所編台灣史籍上，都說台灣「三年一小反，五年一大亂」，意指台灣人天生反骨，反亂事件層出不窮，殊不知那是突顯統治者官方正當性的偏見的歷史，以及半御用文人筆下的順民的歷史。可惜大部分台灣人也都不明究裡，世代附庸傳誦著被洗腦、被捏造的歷史。

　　台灣血淚斑斑的反抗革命，戰況至為劇烈，可嘆最後都功敗垂成，失敗原因，除了本身條件不足，最主要者當是漢奸、台奸的密告和出賣，及義首、勇首、買辦讀書人階級、地方頭人、漢儒、漢豬「弔民伐罪、替天行道」的憑官勢助剿，台灣人打台灣人，可悲可慣。

國家圖書館出版品預行編目資料

哲人政治家李登輝之「我」/ 黃文雄原著；
廖東哲譯. -- 初版. -- 台北市：前衛, 2011.11
224面；15×21公分.
　ISBN 978-957-801-676-7(精裝)

1.李登輝　2.台灣傳記
3.學術思想　4.台灣政治

783.3886　　　　　　　　　　100020811

哲人政治家李登輝之「我」

原　　著　黃文雄(Ko Bunyu)
譯　　者　廖東哲
監　　修　葉海煙
編輯顧問　侯榮邦　張葆源　陳宗逸
責任編輯　番仔火
出 版 者　前衛出版社
　　　　　10468 台北市中山區農安街153號4樓之3
　　　　　Tel：02-25865708　　Fax：02-25863758
　　　　　郵撥帳號：05625551
　　　　　E-mail：a4791@ms15.hinet.net
　　　　　http://www.avanguard.com.tw
出版總監　林文欽
法律顧問　南國春秋法律事務所林峰正律師
總 經 銷　紅螞蟻圖書有限公司
　　　　　台北市內湖舊宗路二段121巷28、32號4樓
　　　　　Tel：02-27953656　　Fax：02-27954100
出版日期　2011年11月初版二刷

定　　價　新台幣250元
©Avanguard Publishing House 2011
Printed in Taiwan　ISBN 978-957-801-676-7

*「前衛本土網」http://www.avanguard.com.tw
*加入前衛出版社臉書facebook粉絲團，搜尋關鍵字「前衛出版社」，
　按下"讚"即完成。
*一起到「前衛出版社部落格」http://avanguardbook.pixnet.net/blog互通有無，
　掌握前衛最新消息。

更多書籍、活動資訊請上網輸入關鍵字"前衛出版"或"草根出版"。